PLAIDOIRIES

PRONONCÉES PAR

Mᶜ DE SAINT-AUBAN

POUR

M. SAVINE, ÉDITEUR

Affaires RAYNAL-VILLETTE et SALIS

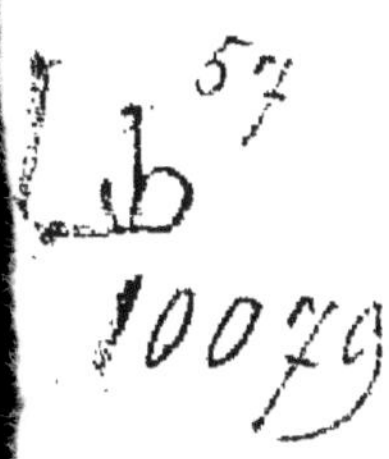

PROCÈS RAYNAL-VILLETTE

PLAIDOIRIE DE Mᵉ DE SAINT-AUBAN

Audience du 17 avril 1889

Messieurs de la Cour,
Messieurs les Jurés,

Je ne suis pas un politicien qui vient attaquer M. Raynal. J'aime trop et respecte trop la robe que je porte pour abriter dans ses plis des arrière-pensées et des passions qui, si légitimes et si justifiées qu'elles puissent être, se tromperaient de porte en entrant ici.

Je suis un défenseur qui vient défendre un accusé, qui vient le défendre avec une foi absolue, avec une conviction ardente et, si M. Savine veut me permettre de l'ajouter, je suis un peu aussi un confident et un ami depuis bientôt cinq mois que je le vois et le fréquente, qu'il s'assied à mon modeste foyer de juriste pour me demander mes conseils et que, dans l'intimité familière de nos entretiens répétés, il m'ouvre toutes grandes son âme et sa conscience où je puis lire, non pas les sentiments que lui prêtait à la dernière audience la haineuse rancune de la partie civile, mais tout ce qu'elles renferment de sincérité, de droiture, de courage et d'énergie.

Oui, Savine est un courageux et un sincère, deux qualités, ou plutôt deux défauts périlleux à notre époque, qui mènent rarement à la fortune et au pouvoir, qui même quelquefois conduisent à la cour d'assises, mais n'importe, deux beaux défauts, bien français, et qui devant un jury français se sentent à leur aise et se défendent avec entrain.

C'est parce que Savine est un sincère et un courageux qu'il est un sympathique ; et c'est parce qu'il est un sympathique qu'il me tardait de vous le présenter. Il est temps de vous le faire connaître. On a tellement défiguré ses traits ! Ce qu'on vous a montré, c'est sa caricature. Il est temps de tracer son portrait. Je ne tiens pas en main le vigoureux pinceau de mes adversaires ; mais je sens que mon dévouement égalera leur talent.

La tâche qui m'incombe, j'aurai la force de la remplir ; et je le vengerai d'accusations iniques, ce malheureux jeune homme à la face duquel on a lancé des épithètes, les dernières qu'on eût dû lui jeter, et qui, — j'observais ses impressions sur son visage, — a plus souffert pendant les deux heures qu'a duré la plaidoirie de la partie civile que pendant tout le cours du procès.

Vous verrez ce qu'il faut penser de ces reproches de cupidité et d'ambition. Quand vous le connaîtrez, ils vous feront sourire. Et c'est facile de le connaître : sa conscience n'est pas de celles qui se ferment, qui se crispent, sur lesquelles il faut, en quelque sorte, peser pour les forcer à s'ouvrir ; non, je vous l'ai dit, la sienne est grande ouverte ; vous n'avez qu'à lever vos yeux sur elle pour la pénétrer jusqu'au fond. Regardez-la, Messieurs, scrutez-la, sondez son cœur, et puis, au sortir de ces pénibles audiences, quand vous rentrerez dans la chambre de vos délibérés, oublieux de tous les bruits, de toutes les rumeurs de la ville, fermés à toutes les influences qni sont le danger de ces débats, ne vous souvenant que de votre serment qui vous trace votre devoir et qui constitue votre charte, vous nous direz, dans votre justice, dans votre autorité, dans votre loyauté, dans votre indépendance, la part qui lui revient dans cette triste affaire qui vous cause et nous cause à tous une émotion douloureuse parce que nous sentons bien que ce qu'elle met en jeu, ce n'est pas seulement l'honneur politique d'un homme, mais encore les intérêts supérieurs de votre grande cité, intérêts inséparables des intérêts de la Patrie !

Vous savez déjà notre système de défense ; il reste le même ; comment changerait-il ? La vérité est immuable et notre système est la vérité. M. Savine l'a dite dès le début de l'instruction.

Le 6 décembre dernier, M. Roujol, le magistrat distingué chargé de faire la lumière, lançait deux mandats de comparution, le premier contre M. Numa Gilly, le second contre M. Savine. M. Numa Gilly se contentait de demeurer tranquillement chez lui ; c'est sa manière habituelle de répondre à ces sortes d'invitations ; il prétextait des travaux parlementaires auxquels sa présence était, paraît-il, indispensable, sans que j'aie jamais pu tirer au clair quel projet de loi d'intérêt local absorbait alors sa laborieuse attention.

On a comparé Numa Gilly à Tartarin. Quelle injustice ! Tartarin allait sur les Alpes, lui ! Tandis qu'il a fallu à M. Numa Gilly les nécessités d'une comparution en cour d'assises pour le déterminer à entreprendre un voyage dans la direction des Pyrénées !

Quant à M. Savine, qui, n'étant pas député, ne jouissait pourtant pas des mêmes facilités de transport, sans l'ombre d'une hésitation, il se mettait en route...

Cruelle épreuve ! Un de ses deux jeunes enfants, un adorable petit garçon âgé de six ans, était malade ; ses affaires, arrêtées dans leur essor, traversaient une de ces crises dont le commerce a tant de peine à se relever. Il me semble encore le voir entrer dans mon cabinet, l'ordre du juge à la main, et me conter tout cela d'une voix où vibrait l'effort du courage domptant les assauts de la tristesse !... Scènes poignantes qui abondent dans notre vie professionnelle, où le jurisconsulte s'efface derrière l'ami et où les consolations qui montent du cœur, la silencieuse étreinte d'une poignée de main, remplacent les stériles raisons, impuissantes à calmer les angoisses !...

Sans hésitation, sans faiblesse, il partait pour Bordeaux ; il frappait à la porte du juge ; et le vieux magistrat, accoutumé aux faux-fuyants et aux réticences des prévenus ordinaires, s'étonnait d'une franchise primesautière et alerte qui semblait se complaire à devancer les questions comme pour avoir le plaisir d'y répondre plus vite. Au bout d'une demi-heure, l'honorable M. Roujol en savait autant que ses collègues au bout de quatre longs mois d'interrogatoires et de confrontations.

Cette conduite, cette attitude justifient-elles les impitoyables expressions de la partie civile, et les exigences de l'équité comme les convenances du langage ne commandaient-elles pas de retourner, sinon sept fois, — je n'en demandé pas tant à un adversaire, — au moins deux fois la langue dans la bouche avant de qualifier de recéleur, de négociant en diffamation, un homme qui n'est pas un repris de justice, dans un affaire qui, quoi qu'on en dise, est une affaire politique et n'offre aucun point de ressemblance avec les procès de droit commun ?

Un négociant en diffamation ? Ah ! messieurs, quel négoce ! Il serait encore plus noir que le négoce du charbon... anglais ! (Rires.)

Un recéleur ? Est-ce parce qu'il recèle 50,000 exemplaires du livre *Mes Dossiers* qu'il aurait pu vendre un bon prix, je le montrerai tout à l'heure, au lieu de les garder, bien plus, de les faire rentrer par tous les moyens dans son magasin où ils ont tout juste pour lui en ce moment, la valeur qu'avaient les actions du chemin de fer d'Alençon à Condé lorsque M. Raynal ou les économistes de son école en proposèrent le rachat à l'Etat ? (Rires.)

A quoi servent ces outrages qui ne sauraient l'atteindre ? Son passé est là qui proteste ; il n'est pas encore très long, ce passé, car Savine a beaucoup à vivre ; mais il l'est assez, Dieu merci, pour défendre le présent et répondre de l'avenir. Evoquons-le d'un mot, Messieurs, évoquons cet âge que le temps emporte si vite, pour y chercher le germe des passions et des tendances qui, plus tard, se développent et constituent la virilité. L'enfant, c'est le raccourci, l'abrégé du jeune homme ; l'adolescence est une préface qui résume en termes fidèles ce livre qu'on nomme la vie. Ici, j'aime parcourir cette préface : j'y trouve des promesses que Savine a déjà tenues et qu'il ne violera jamais.

Il est né à Aigues-Mortes, en 1859. Après de brillantes études au lycée de Montpellier, il vint s'établir à Paris pour y faire son droit ; mais il ne poussa pas jusqu'à la licence ; entre Cujas et lui s'élevait un obstacle ; d'autres aspirations, d'autres goûts captivaient sa pensée ; il était amoureux de la littérature ; et c'est un amour qui guérit à grand'peine lorsqu'une fois il vous tient.

Puisqu'il s'agit d'un délit de presse, laissez-moi vous dire un mot de ses péchés littéraires. Ce sont de forts jolis péchés, et il eût été grand dommage qu'il ne les commît pas.

Un des plus connus s'appelle *Les Etapes d'un Naturaliste* : vous pouvez parcourir ces étapes, Messieurs ; vous ne trouverez en chemin ni un accent ni une virgule de nature à offenser l'honneur ou la considération de qui que ce soit.

Mais au gré des critiques, son chef-d'œuvre est la traduction de l'*Atlantide*, le célèbre poème catalan. Vous n'avez peut-être pas lu le poème ; mais vous vous rappelez l'Atlantide, ce continent fabuleux ou si vieux que sa vieillesse se confond avec la fable ! Il occupait, si j'en crois la légende, la place que recouvrent aujourd'hui les flots au sein desquels se perd votre Garonne. Voilà le thème des élucubrations poétiques que Savine a traduites avec amour. Bizarre et peu lucrative occupation pour un spéculateur avide ! Il me semble qu'il ne faut pas avoir l'esprit bien pratique pour traduire du catalan. Le catalan n'est pas, que je sache, le langage des affaires ; je suis sûr que M. David Raynal n'a jamais traduit de catalan ! (Hilarité.)

Des revers de fortune, qui prouvent moins de dispositions pour s'enrichir que pour traduire, firent de l'écrivain un libraire. Il avait alors vingt-six ans. Quel crève-cœur, Messieurs ! A vingt-six ans, se sentir capable de faire de beaux livres et se voir condamné à publier les livres plus ou moins beaux que d'autres ont faits ! Rassurez-vous : le libraire n'a pas tué l'écrivain ; déjà, il nous en a fourni des preuves ; il nous en fournira d'autres bientôt.

Mais laissons là l'homme de lettres pour étudier l'éditeur. Entrons dans ce magasin, dans cette officine de calomnies ! Nous allons sans doute y trouver des choses abominables ! C'était l'espoir de la partie civile en nous y introduisant : fausse manœuvre : la perquisition a mal tourné. Me Durier, pour commenter par quelques exemples qui n'eussent point été superflus son épithète un peu vive de négociant en diffamation, a pris, il vous en souvient, à témoin la liste d'ouvrages imprimée sur la couverture de *Mes Dossiers*. — Qui de vous n'a saisi son geste désappointé en trouvant le témoin à décharge ? *Adam Mickiewicz, sa vie et ses œuvres, Souvenirs sur Tourgueneff, Causes célèbres de la Russie, La mort d'Ivan le Terrible*, trilogie d'Alexis Tolstoï, le *Papillon*, de Narcis Oller, avec une préface de Zola, le *Commandeur Mendoza*, de Juan Valera... et ainsi de suite jusqu'au bout. Pas mal d'espagnol, beaucoup de russe, çà et là une pointe de catalan, et du bon français à foison : — voilà l'inventaire ! Quelle officine de diffamation !...

Pourtant il faut être juste ; Savine a édité un ouvrage diffamatoire ; cela s'appelle l'*Espionnage allemand en France*; M. de Bismarck y est fortement diffamé en la personne de ses espions ; aussi ce mauvais livre a-t-il eu l'honneur d'être interdit en Alsace-Lorraine et celui d'être utile au gouvernement français qui y a puisé des notes et des renseignements,

On a jeté dans le débat un autre nom qui va singulièrement troubler la conscience d'une foule de braves gens.

Ce n'est un mystère pour personne qu'il circule dans le public que, si M. Savine est poursuivi avec tant de rage, c'est pour avoir édité un certain volume qui n'est point signé de Gilly et porte un autre titre que le titre *Mes Dossiers*. On avait à régler avec lui un vieux compte, et pour le liquider sans péril, on se serait coiffé d'un masque qui prouverait que feu Tartufe a laissé une descendance florissante encore aujourd'hui.

Voilà ce que dit la gazette... gazette mal informée, c'est entendu ; je connais trop la magistrature de mon pays ; je ne la croirai jamais complice d'un odieux subterfuge et je tiens personnellement M. l'avocat général pour incapable de coudre la *Fin d'un Monde* dans la couverture de *Mes Dossiers*.

Mais les gens mal informés font tant de victimes avec leurs racontars ! Il faut se garder de prêter le flanc à leurs chroniques. M. l'avocat général l'a compris et je n'ai que des éloges pour sa circonspection. Mais pourquoi la partie civile commet-elle de ces rapprochements malheureux dont s'autorisent les propos médisants ? « *Savine est un négociant en diffamation* », avance-t-elle, et elle ajoute aussitôt : « *c'est l'éditeur de Drumont, un homme condamné !* » Si le pauvre peuple, qui comprend tout de travers, concluait de cette tournure de phrase qu'éditer M. Drumont, c'est faire le commerce de la diffamation et que Savine a déjà été condamné en cour d'assises pour avoir édité M. Drumont ! Heureusement que, tout naïf qu'il est, le pauvre peuple l'est un peu moins que ne le suppose la partie civile. Sans avoir l'instruction de la partie civile, ni son esprit, il ne confond pas la *France Juive* avec la *Fin d'un Monde* ; il sait que la *Fin d'un Monde* a pour éditeur M. Savine, mais que la *France Juive* sort de la librairie de MM. Marpon et Flammarion, et il a soin de ne pas reporter sur la première, qu'on a cru bon de laisser tranquille, le bénéfice de l'unique poursuite dont la seconde ait pâti — poursuite bénigne d'ailleurs et dont il eût été prudent de ne pas évoquer la mémoire, car la condamnation à 1,000 francs d'amende qu'elle a, je crois, motivée est conçue, paraît-il, en des termes de nature à satisfaire les plus difficiles parmi les diffamateurs.

Il faut donc renoncer au doux espoir de faire passer M. Savine pour un récidiviste et il ne demeure convaincu que du crime d'avoir édité la *Fin d'un Monde*.

C'est celui que vous lui reprochez? Alors il vous fait la partie belle : il l'avoue et s'en glorifie; il en revendique hautement, fièrement, la pleine responsabilité. C'est, je vous l'ai dit, un courageux, un sincère; c'est surtout un convaincu. Oui, il a une foi ardente! Oui, il lutte, il luttera contre la finance juive! Au nom de la patrie, au nom de l'équité, il réprouve les empiètements sans vergogne d'une race qui nous envahit, nous opprime, nous vole notre part de lumière, d'une race dont le mercantilisme offensé lui prête aujourd'hui, pour assouvir ses rancunes, les bas appétits qui la travaillent!... La *Fin d'un Monde*! Mais il fallait la traîner ici! J'aurais été debout à la barre! C'eût été un grand débat, Messieurs, digne de vous, digne de la justice, et vous auriez jugé comme il convient ce livre superbe, audacieux, hardi à l'excès, qui, lorsqu'il voit des chairs pourries, y enfonce le fer rouge brutalement, jusqu'au bout, au risque de faire grésiller des chairs encore à demi saines, mais un livre magnifique, sublime dans ses colères, que soulève et qu'anime le souffle brûlant de son auteur, flamboyante épopée, satyre vengeresse d'un Juvénal chrétien dont les verges essaient de secouer nos torpeurs décadentes et de tirer, s'il est encore possible, cette fin de siècle qui râle de la poussière mortuaire où elle s'enfonce lentement!... (Mouvement prolongé dans la salle.)

Oui, M. Savine est le champion de cette cause. Je comprends les haines de ceux qu'il aide à châtier. Que ces haines plaident ici, qu'elles y cherchent une revanche, qu'elles l'insultent et le frappent, qu'elles le jugent, qu'elles le condamnent, si elles peuvent, en attendant que l'heure

vienne où l'on jugera leur jugement ! Mais, au nom de leur
dignité, si elles en ont une, par respect pour la robe des
juges et le caractère des citoyens, qu'elles s'abstiennent,
dans leur propre intérêt, de calomnies encore plus ridicules
qu'infâmes ! Que leur sert d'insinuer que ce croyant est un
vénal qui se donne au plus offrant, qui, aujourd'hui, édite
un livre contre un certain ordre de choses, quitte, demain,
à le servir, si on lui offre un meilleur prix ? Elles savent bien
qu'elles mentent et, à défaut de conscience, la mémoire devrait les en avertir. L'ont-elles perdue à ce point ? Faut-il
leur rappeler l'accueil qu'elles reçurent de ce diffamateur à
gages lorsque, il y a deux mois environ, un de leurs émis
saires vint lui proposer de publier certains documents ordu-
riers dont on exhibait la copie sans produire — et pour
causé — l'original ? Il s'agissait de salir un général, jadis ministre de la guerre, et qui a maintenant le malheur d'avoir
cessé de plaire aux amis de M. Raynal, lesquels viennent de
l'envoyer en villégiature de l'autre côté de la frontière...
dans les environs des carrières de Quénast. (Hilarité.) On
laissait entendre à M. Savine que, s'il mettait sa librairie et
ses presses au service de cette édifiante campagne, on pourrait peut-être, en récompense, lui octroyer un petit mot de
recommandation pour la justice et faire de tous ces procès
qui menaçaient à l'horizon quelque chose de pas bien méchant... (Sourires.) Savine vint me trouver, non, cette fois,
pour me demander conseil, mais pour me dire la réponse
que lui avait dictée son honneur : avant même que je fusse
au courant de la chose, le général en question était avisé
de ce complot raté, moins dangereux à coup sûr pour sa
considération que pour celle des tristes sires qui l'avaient
ourdi. Est-il besoin d'ajouter que cette conduite, qui vous
parait, n'est-ce pas, toute naturelle, n'a pas précisément
contribué à rendre cordiales les relations de M. Savine avec
les amis de M. David Raynal ?

Vous commencez à le connaître, à présent, M. Savine ? Son
caractère se dessine et la silhouette vous en apparaît nette-

ment. Encore un ou deux traits et la figure sera complète. Vous aviez le droit et le devoir de rechercher le mobile qui l'inspira. La recherche, la voilà faite. Ce mobile, quel est-il ?

L'ambition ? Pas au sens parlementaire du mot, toujours ! Je vous l'ai dit, Savine est un homme de lettres dont la Fortune a fait un libraire dans un moment de mauvaise humeur : si jamais il cesse d'être libraire, ce sera pour redevenir homme de lettres ; mais il n'a qu'une peur, c'est de devenir député ! A cet égard, que M. Raynal soit tranquille ! Il peut dormir sur ses deux oreilles : ce n'est pas M. Savine qui lui soufflera son siège à Bordeaux ! (Hilarité.)

La cupidité ? Mon Dieu, Savine aime vendre ses livres : je trouve cela assez naturel, puisqu'il est éditeur. Tout marchand aime à débiter sa marchandise et un éditeur est un marchand. Mais est-il donc un cupide celui qui gagne sa vie en exerçant son métier ? Non, le cupide est celui qui foule aux pieds l'honneur et la délicatesse pour encaisser plus de métal. Est-ce le cas de Savine ? Là-dessus, vous êtes fixés. Mais je joins à tout le reste deux documents pas très longs qui édifieraient vos consciences, si elles ne l'étaient déjà.

Le premier est un extrait des livres de commerce de M. Savine : il montre le gain énorme que cet opuscule lui a valu. Voici les dépenses et voici les recettes :

Résumé des factures de Mes Dossiers.

Droits d'auteur.	8,650 fr.	»
Planteau, imprimeur, sa facture	3,250	»
Levé, imprimeur, sa facture.	1,379	40
Puchot, clicheur, sa facture	206	80
Papier texte.	10,440	»
Papier couverture.	300	»
Brochage.	1,846	80
Assemblage.	396	»
	26,469	00

Tableau de la situation des exemplaires tiré du livre
Mes Dossiers

Entrée en magasin.		21,727
Service de presse	150	
En magasin	6,802	
Retours acceptés.	1,000	
	7,952	7,952
		13,775

13,775 exemplaires vendus à 2 fr. 10 = 28,927 fr. 50
Totale des factures = 26,469 00
Bénéfice net   2,458   50

Au total, 2,500 francs de bénéfices nets ! depuis longtemps versés en acompte aux grandes compagnies sous forme de billets de chemin de fer !

Voilà mon premier document. A présent, voici le second, il est encore plus caractéristique et tout à fait décisif. C'est une lettre par laquelle on offre à M. Savine de lui acheter ce stock de 40,000 brochures immobilisés dans leurs caisses au fond du magasin.

Lapalme (Aude), 13 *décembre* 1888.

Monsieur Savine, à Paris.

Je viens vous proposer, monsieur, vu la déroute honteuse de M. Numa Gilly, de prendre à ma charge, sous conditions bien entendu, et ce pour moi, sans aucune espèce de restriction, le livre *Mes Dossiers*.

J'ignore et ne veux pas savoir de quelle façon vous avez agi dans cette affaire.

Cela ne me regarde pas.

Si vous voulez bien m'honorer d'une réponse, je serais trop heureux de vous être agréable, si je le pouvais, et en même temps satisfait de continuer ce qui avait si bien commencé.

Dans l'attente,

Veuillez agréer, monsieur, en me pardonnant mon indiscrétion, l'expression de mes meilleurs sentiments.

Marché tentant, je ne dis même pas pour un spéculateur ou un cupide, mais pour un homme simplement pris de vertige à l'aspect de toutes ces parties civiles qui tarifaient si cher leur ennui ou leur peur, réclamant, l'une 50,000, l'autre 100,000 francs, leur large main tendue vers la justice comme pour quémander une fortune plutôt qu'une réparation !

Mais la probité de Savine ne connaît pas le vertige : dès l'apparition de l'inoubliable épître de M. Numa Gilly au journal *la Presse*, il avait suspendu la vente du livre que cet homme public désavouait d'une manière si imprévue et si étrange après l'avoir couvert de son autorité et de son nom. Il fit mieux : il ne négligea rien pour obtenir coûte que coûte la rétrocession des exemplaires déjà vendus. S'il n'avait tenu qu'à sa bonne volonté et à sa bourse, il les aurait tous retirés de la circulation ; car si la pensée générale du livre, à savoir la corruption de certains parlementaires, restait juste à ses yeux, n'étant ni celle de M. Numa Gilly, ni celle d'aucun autre en particulier, mais celle de tous les citoyens honnêtes, la forme spéciale, donnée à cette pensée par le livre, devenait suspecte à ses yeux, dès qu'un doute planait sur son origine. En fait, s'il n'a pu retirer tous les exemplaires, il en a retiré un très grand nombre. Dans ces conditions, son siège était fait : il ne répondit même pas à l'offre de son correspondant.

A présent, on affecte d'oublier cette conduite. Combien l'auraient tenue parmi ceux qui lui jettent la pierre avec le plus d'ardeur ? Combien se seraient dit : « la lutte est inégale ; j'ai affaire à trop forte partie ; les plaignants sont d'anciens sous-secrétaires d'Etat, d'anciens ministres, hier au pouvoir, amis de ceux qui l'occupent aujourd'hui ; ma faiblesse se brisera contre leur force ; car sous leur nom, c'est en réalité tout un parti qui plaide, et, pour le quart d'heure, ce parti est tout-puissant ; leur mobile n'est pas la justice, leur mobile est la vengeance ; or, la justice a des bornes, mais la vengeance n'en a point ; c'est la ruine, c'est la faillite ; une occasion m'est fournie d'encaisser une trentaine de mille francs : je la saisis et je les encaisse; c'est autant de mis en réserve pour acquitter les notes qu'on se prépare à me présenter ; dans ma situation, un scrupule serait niaiserie pure : on ne m'en saurait aucun gré et l'on ne rabattrait pas un centime sur le total de l'addition. »

Ce raisonnement eût été juste ; la plaidoirie de la partie civile ne le démontre que trop ; et M. Savine regretterait à coup sûr de ne pas l'avoir tenu, s'il avait obéi à un autre mobile qu'à l'instinct de probité qu'il porte dans son cœur !

Mais puisque ni la cupidité ni l'ambition n'ont inspiré Savine, quel sentiment l'a donc poussé ? Un sentiment plus fort chez l'honnête homme que l'appétit du lucre ou des honneurs : la conviction ! Oui, la conviction, messieurs ! Il y a chez Savine deux hommes : l'artiste et le croyant, le traducteur de l'*Atlantide* et l'éditeur de la *Fin d'un monde ;* longtemps le croyant a dormi, laissant le champ libre à l'artiste ; mais l'heure de la lutte a sonné, et la clameur de la bataille a réveillé le croyant. Et quel est donc le sommeil assez lourd pour ne pas être troublé par le tumulte de l'époque? Dans quelle léthargie incurable sont plongés ceux qui ne l'entendent pas ? Quelles oreilles qui ne soient encore ébranlées par les cris d'indignation de la foule? Quels spectacles plus propres à nous indigner que ceux qui ont souillé nos regards ? Qui donc, messieurs, qui donc a pu les contempler froidement, sans sentir son pouls agité par la fièvre de la colère ?

Nous les avons vus défiler à la barre, ces rastaquouères de la politique, ces flibustiers du parlementarisme, escortés des escrocs de la haute banque ! Nous les avons vus, ces voleurs gantés, ces malfaiteurs en redingote tachée de rouge à la boutonnière, plus dangereux que les voleurs en haillons, tristes épaves sociales que la misère et la douleur entassent, chaque matin, par milliers dans les prétoires, parce que pour ces derniers, au moins, il est une vindicte publique, tandis que des subtilités de texte, dont la foule s'étonne, mais qui s'imposent aux magistrats, abritent presque toujours les autres, habiles à côtoyer le code, sans jamais gagner le large, mais sans jamais non plus se heurter aux écueils du rivage, grâce à la rouerie merveilleuse qui préside à leur cabotage éternel !...

Avaient-ils assez longtemps extorqué la confiance publique? Avaient-ils assez longtemps égaré la raison des électeurs ? Si, alors qu'ils étaient présidents de commissions, députés, magistrats, sénateurs, mieux encore, dispensateurs souverains des charges et des honneurs, les premiers de l'Etat, les maîtres de la République, si nous avions dit ou écrit la millionnième partie de leurs scandales, sans doute ils nous auraient traînés en cour d'assises ! Ils nous auraient traités de négociants en diffamation ! Un pompeux réquisitoire nous aurait accablés de ses foudres ! Et nous aurions dû courber la tête, nous excuser envers ces hommes qui auraient à peine daigné nous narguer, d'un méprisant sourire, fièrement drapés dans leurs oripeaux officiels !...

Ils s'estimaient inébranlables dans leur forteresse ! Ils croyaient l'édifice en pierre !... L'édifice était en carton ! Et voilà qu'un beau jour, une fissure s'est produite ! Un rayon de soleil a pénétré, et la pleine lumière les a montrés tels qu'ils sont dans leur nudité hideuse, escrocs, voleurs, faussaires, mûrs pour l'infamie de l'Histoire qui n'aura, la plupart du temps, pour les flétrir, qu'à transcrire dans ses colonnes le texte des arrêts qui les ont acquittés !... (Vive émotion.)

Voilà ce qu'on voyait, messieurs, souvenez-vous-en ! Voilà ce qui secouait nos esprits, ébranlait nos consciences, ce qui arrachait lambeau par lambeau notre foi en ces politiciens néfastes qui s'improvisent conducteurs de peuples et pour lesquels les peuples n'ont jamais assez d'anathèmes !

Voilà ce qu'on voyait !... Grand Dieu ! Et ce qu'on ne voyait pas ! Ce qu'on savait, ce qu'on sentait enfoui dans des documents impénétrables, dans des rapports, dans des dossiers cachés par la complicité ou la peur, dernier et fragile rempart de réputations vacillantes que, chaque jour, déchiquète l'âpre morsure du soupçon populaire, que flétrit et flagelle notre douloureuse indignation !

De tous côtés, des miasmes fétides vous prenaient à la gorge ; la terre était boueuse et cédait sous le pied. Le cerveau de la foule, à la vue de concentrations inouïes qui semblaient une assurance mutuelle contre la divulgation des turpitudes, le cerveau de la foule exagérait, grandissait outre mesure des corruptions déjà trop certaines et trop lamentables dans leur réalité !

Pour employer le mot classique, on s'imaginait être pris dans un inextricable engrenage de *pots-de-vin*. Je dis : le mot *classique ;* j'ajoute que le mot est usé ; l'expression a vieilli et fait place à un néologisme. En changeant de nature, la chose a changé de nom dans le vocabulaire de la cuisine politique ; de liquide, elle est devenue solide : elle ne s'appelle plus *pot-de-vin*, elle s'appelle *saucisson !* (Hilarité générale.)

Nous frémissions au spectacle de ces hontes ; tous avaient soif de vérité, hormis ceux que la vérité eût tués ; on voulait on voulait connaître les coupables : on voulait les connaître tous !...

Et voilà que vibre une voix que l'illusion rend formidable ! On croit la justice proche ; les cœurs battent à l'unisson : dans une assemblée populaire un homme a maudit le culte du veau d'or devant lequel s'agenouillent certaines consciences. Est-ce nouveau, cette malédiction ? Oh ! non, certes depuis longtemps, elle est dans tous les cœurs, elle est sur toutes les lèvres : la presse à satiété la répète ; elle a déjà éclaté dans l'enceinte du Parlement ; elle a ses formules classiques ; elle est devenue un lieu commun de nos patriotiques angoisses, mais jamais, semble-t-il, elle n'a retenti si fort ; jamais elle n'a trouvé d'échos aussi lointains et aussi sonores ; jamais elle n'a frappé des oreilles aussi préparées ; jamais elle n'a mieux assouvi l'universel désir de vengeance ; cette fois elle n'aura point été un bruit vain et inutile emporté par le vent de l'indifférence et de l'oubli !

Et l'on écoute cette voix...« Il y a plus de vingt Wilson !... »
Le président de la commission du budget était là et le président n'a rien dit ! On sait ce que c'est qu'un Wilson : on en a vu un, un seul ; mais on est sûr qu'il en existe tant d'autres !
Le Wilson condamné est-il le plus coupable ? N'est-il pas un bouc-émissaire chargé de tous les péchés d'Israël ? Si l'on proclamait au grand jour la liste des impunis !...

« Il y a plus de vingt Wilson !.. » Qui dit cela ? Un député hier encore inconnu du pays, mais très populaire dans sa ville qui le comble de ses faveurs et le vénère comme un oracle. Ce député est un enfant du peuple, un ouvrier, qui reste un ouvrier pratiquant à la différence de quelques-uns de ses collègues qui ne sont plus que des ouvriers honoraires. On vante sa simplicité, son désintéressement, sa probité ; il se tient loin de tous les tripotages. Songez donc : il est député, il est en même temps foudrier et il n'a pas encore songé à fonder une société anonyme pour mettre ses foudres en actions ! (Rires.) C'est inouï !... Le voilà grand homme ; Nîmes le porte en triomphe, et son renom, le lendemain, est devenu universel !... On le traduit en cour d'assises : il est acquitté ! les circonstances, la valeur, la portée de l'acquittement, nul n'en a cure, nul ne s'en préoccupe. Il est acquitté : voilà tout ; son acquittement, pour tout le monde, signifie la condamnation générale, en bloc, de ceux qu'il a atteints ou qu'il a visés. La démonstration est faite. Maintenant, il achève son œuvre ; il va publier un livre, ses *Dossiers*, en même temps, sa défense et son accusation. On a des noms, cette fois ! enfin on tient les coupables ! On le provoque en duel : il donne rendez-vous sur le terrain de la cour d'assises... Et les rieurs sont avec lui...

Est-ce vrai, Messieurs ? N'est-ce pas de la sorte que les choses se sont passées ? Faites revivre ce moment ; évoquez le souvenir de vos impressions disparues. Croyez-moi, c'est indispensable, si vous voulez être équitables dans l'œuvre que vous poursuivez

On se moque aujourd'hui du justicier de Nîmes. On a beau

jeu : il semble avoir fait la gageure de se couvrir de ridicule.
J'ignore le sort que l'avenir lui réserve. Ses concitoyens
paraissent y tenir beaucoup : deux fois ils l'ont déjà réélu
maire; peut-être le rééliront-ils député, non parce qu'il a
désavoué son livre, mais parce que, malgré son désaveu, ils
resteront convaincus que c'est lui qui l'a fait. (Rires.) Mais
enfin, à l'heure présente, M. Numa Gilly a perdu son prestige; il est un thème facile pour les sarcasmes et les mots.
Les tarés de la politique ont de la chance de pouvoir se dire
ses adversaires! Un compère n'eût pas mieux fait leur
jeu!...

Eh bien, Messieurs les jurés, ce n'est pas le Gilly conspué,
bafoué, qu'il faut avoir devant les yeux; c'est l'auteur du
discours d'Alais: c'est l'acquitté de la cour de Nîmes, c'est
le Gilly acclamé, porté en triomphe; c'est le Gilly pris au
sérieux non seulement par le public, mais par les chefs de
file, par les hommes publics qui l'approuvent et l'encou-
ragent; c'est le Gilly auquel l'honorable M. Vacher, député
de la Corrèze, écrit le 21 septembre 1888 :

    Mon cher Collègue,

    Du fond de mes montagnes, je suis avec intérêt les péripéties
de la polémique que vous avez engagée avec *quelques écumeurs
d'affaires qui déshonorent la République*. Vous avez le public pour
vous et surtout les honnêtes gens.
    Ayant pratiqué les conventions, je vous adresse ci-incluses quel-
ques notes qui pourront peut-être vous être utiles.
    Agréez, mon cher collègue, l'assurance de mes sentiments les
meilleurs.

                         L. VACHER.

Et voici la note annoncée de l'honorable M. Vacher, note
écrite de sa main, ainsi que la lettre que, le 6 novembre, il
adressait à M. Gilly :

Enhardi par le coup de main des conventions, M. Raynal proposa à la Chambre de racheter la ligne d'Alençon à Condé pour une somme de quatre millions à payer par l'Etat. Mais il avait eu soin de faire racheter en sous-main par la Banque populaire de l'Opéra composée de ses amis (Rochefort a donné les noms dans ses *Notes pour servir à l'histoire de mon temps*), les actions de cette ligne qui se vendaient au poids du papier. Je dénonçai le tripotage dans mon bureau ; le projet fut retiré, et il n'a plus reparu, et il ne reparaîtra plus en feuilleton.

Voici maintenant la lettre :

Je suis prêt à venir déposer devant la cour d'assises du Gard des faits relatifs aux conventions. Il serait essentiel que M. Lesguiller, ancien sous-secrétaire d'Etat aux travaux publics, député de l'Aisne, vînt déposer. Il a tenu entre les mains un dossier où il y avait des reçus et dont on lui demandait 20,000 fr. Ecrivez-lui d'urgence et dites-lui que je viens déposer.

L. VACHER.

Ces pièces caractéristiques prouvent qu'il n'y avait pas que les badauds qui croyaient en Numa Gilly. Et vraiment, quand on voit des hommes publics applaudir à la polémique qu'il a osé engager avec les *écumeurs d'affaires*, avec ceux qui *déshonorent la République*, quand ces hommes publics lui envoient des documents et lui offrent leurs témoignages, faut-il s'étonner si un éditeur jeune, ardent, courageux, enthousiaste, l'éditeur de M. Drumont, l'éditeur de la *Fin d'un Monde* se laisse, lui aussi, emporter par l'élan du flot populaire ? Oui, M. Savine a cru en M. Numa Gilly. Il a cru que ses accusations étaient des accusations solides auxquelles des documents décisifs donnaient une base inébranlable. Il a cru que ses *Dossiers* seraient non pas le livre d'or où Venise inscrivait le nom de ceux qui avaient bien mérité de la patrie, mais le livre de boue où l'on noterait d'infamie les malfaiteurs de la vie publique. Il a cru que cet humble ouvrier poussé par le destin aux premiers emplois, placé par la fortune près du pouvoir, à même d'en observer les vices et les faiblesses, avait préféré flétrir les corruptions à y participer et, au lieu de détourner la source de vérité, s'était fait un âpre plaisir de la répandre à flots sur la foule d'où il sortait.

Ah! certes, Messieurs, si au milieu de nos malaises et de nos angoisses patriotiques, un citoyen digne de ce nom, qu'il fût ouvrier ou paysan, qu'il fût noble ou bourgeois, avait élevé une voix désintéressée et virile pour dire à ses concitoyens : « Assez de débats stériles, trêve aux choses qui nous séparent et nous divisent, silence aux rancunes des partis, point de diffamations, point d'injures, mais une énergie indomptable, un dévouement sans bornes, un courage invincible, formons une seule armée et sauvons notre bien commun, la vieille probité française qui appartient à tous et dont aucun ne doit souffrir qu'on éclabousse la robe. » — Ah! Messieurs, si quelqu'un eût alors tenu ce langage, n'est-il pas vrai que la France tout entière se fût levée pour le saluer?

Hélas! M. Gilly n'était pas ce grand homme; il n'en était que la fragile et décevante illusion. Beaucoup de braves gens s'y sont trompés. M. Savine a partagé leur erreur; et, la partageant, il ne pouvait agir autrement qu'il a fait. Son caractère, son passé, ses convictions lui dictaient sa conduite. On avait besoin d'un courageux : le courageux, c'était lui! Il en est dont l'instinct est de battre en retraite; il en est d'autres dont l'instinct est de marcher en avant. Il a marché : c'est sa nature; et il a écrit la lettre que vous savez; il s'est mis au service de M. Gilly; il lui a offert son argent, sa librairie, ses presses. L'événement lui donne tort — soit! Mais vous savez à présent le mobile qui l'a inspiré, et j'ai pris plaisir à vous le dire, ce mobile : il est de ceux que l'on est heureux de confesser devant les jurés de France ! Frappez-le, si vous voulez — votre verdict peut être la ruine : il ne sera pas le déshonneur; car, vous n'en doutez plus maintenant, c'est un combattant vaincu, et non un diffamateur à gages, que vos coups atteindront.

Mais non, il n'est pas vaincu : attendez la fin du débat. La bataille n'est pas terminée. Spéculateur, il eût baissé la tête; lutteur, il la redresse fièrement.

Monsieur l'avocat général, je l'avoue, votre langage m'a étonné : si j'en ai compris la portée, il signifie ceci : « Vous n'étiez pas antipathique,— au contraire,— et, si vous n'aviez pas tenté la preuve, on aurait pu se montrer fort indulgent à votre égard. » Eh bien! je professe le plus profond respect pour tout ce qui sort de votre bouche; mais le sens de vos paroles m'échappe complètement. La preuve! Mais c'est la loi qui m'invite à la faire, mais c'est la loi qui m'y convie! Un homme public est en cause, et c'est par le silence que vous voudriez le protéger? Non! non! cette attitude ne serait pas digne, ni de lui, ni de nous. Quand on édite un livre comme *Mes Dossiers*, on doit au public sinon la démonstration matérielle des faits qu'on articule, au moins les pièces justificatives de sa bonne foi.

Il y a là deux ordres d'idées qu'il ne faut pas confondre : la preuve des faits eux-mêmes et la preuve de leur vraisemblance.

Le vrai peut quelquefois n'être pas vraisemblable.

Il peut arriver, au rebours, qu'en dernier état de cause le vraisemblable se trouve n'être pas vrai, ou que tout au moins, ce qui n'est pas la même chose, on ne rapporte pas la pièce décisive nécessaire pour lui faire franchir l'étape qui la sépare de la vérité. A vos yeux, les deux situations sont identiques, Messieurs les jurés, et identiques sont les principes que vous devez leur appliquer. Votre devoir est d'acquitter, non seulement ceux qui ont formulé une imputation véritable, mais encore ceux qui avaient de telles raisons de la croire véritable que leur sincérité est hors de doute. Je n'invente pas cette théorie; elle est celle du législateur; il n'y a pas bien longtemps qu'elle était soutenue à la tribune par un homme dont j'ai l'honneur d'être le confrère et un peu le camarade, par M. Millerand, député de Paris. C'était dans une circonstance solennelle : reniant tout leur passé, foulant aux pieds tous leurs programmes, d'étranges républicains avaient osé présenter un projet de loi inouï qui vous retirait le jugement des affaires de presse afin de le rendre aux tribunaux correctionnels dont l'enceinte n'est ni assez vaste ni assez retentissante pour de pareils débats. Dieu merci, ce projet si attentatoire à nos franchises les plus chères, à ces franchises qui nous ont coûté trop de sang et de larmes pour les sacrifier bénévolement aux convenances privées de certains tyranneaux parlementaires, n'a pas réuni dans la Chambre un nombre suffisant de complices et l'indignation publique a eu raison des étranges défiances que les amis de M. Raynal affichaient à l'égard de votre juridiction. M. Millerand fut au nombre de ceux qui traduisirent à la tribune la pensée générale ; écoutez son langage :

« Des attaques peuvent être erronées, mais sérieuses... L'acquittement du prévenu n'est pas la condamnation du plaignant, attendu que, si le prévenu est de bonne foi, bien que la diffamation soit démontrée, on ne pourrait reprocher au jury un acquittement parfaitement justifié. »

Voilà le système. Apportons-nous la preuve matérielle : vous devez acquitter. Apportons-nous non seulement la preuve morale, celle qui n'établit pas le fait d'une façon absolue, mais qui, parfois tout aussi concluante que l'autre, vous laisse cette impression que nous n'avons pas menti : vous devez acquitter encore, car la bonne foi, comme la preuve, est une cause nécessaire d'acquittement.

Et ce système s'impose dans une démocratie. En effet, lorsque l'honneur public est l'unique garantie sociale, il importe d'éloigner des affaires, non seulement les hommes qui méritent la flétrissure, mais aussi les hommes qui prêtent le flanc au soupçon. Et quand c'est de bonne foi qu'on a soupçonné ces hommes, quand leurs actes équivoques ont favorisé l'illusion, cette illusion est légitime et devient une sauvegarde qui met l'accusateur à l'abri de la loi.

Voilà pourquoi M. Savine vous apporte ses témoins et ses pièces. Ah! je conviens sans peine que ce n'était point son rôle de les faire défiler devant vous. Cette mission ne nous incombait pas et j'assume aujourd'hui une tâche qu'un autre aurait dû remplir. Ce n'est ni la faute de M. Savine, ni la mienne, si cet autre se décharge sur nous du fardeau qui lui appartient. Le silence n'est pas possible; M. Gilly le garde : il faut bien que nous le rompions! Un procès politique est un champ de bataille; un accusé politique est un soldat; et, dans ce pays où l'on admet aujourd'hui trop de choses, il en est une du moins qu'on n'admet pas encore, qu'un soldat lâche le drapeau au moment de la charge, surtout quand ce soldat est le chef! Le chef, c'était M. Numa Gilly; — M. Numa Gilly a lâché le drapeau; Savine le ramasse; il fait bien; car, voyez-vous, quelle que soit la couleur d'une oriflamme, nous aimons beaucoup qui la garde et nous estimons peu qui l'abandonne; et c'est pourquoi, au sortir de cette audience, les mains qui fuiront peut-être un autre que Savine, se tendront, quoi qu'il arrive, vers lui pour prendre les siennes et les serrer. (Mouvement.) Le député, l'homme public a déserté sa pensée; il l'a jetée dans la mêlée comme une arme gênante; un modeste éditeur estime qu'ayant publié cette pensée, il l'a faite sienne, et c'est comme sienne qu'il la défend devant vous.

Qui donc, sans lui, la défendrait? M. Gilly avait un fils : M. Peyron. (Rires.) Un instant, celui-ci a revendiqué la succession paternelle; j'ai cru qu'il l'accepterait purement et simplement; ensuite, il ne l'a plus acceptée que sous bénéfice d'inventaire; enfin, après en avoir mûrement délibéré, il a paru y renoncer, et la succession a été sur le point de tomber en déshérence; alors M. Savine s'est constitué le syndic de la liquidation et c'est grâce à lui que cette dernière ne tournera pas en faillite...

Grâce à lui... et grâce à vous, Messieurs. Notre mission

est délicate, mais la vôtre l'est encore plus. Dans les procès de ce genre, la partie n'est jamais égale et c'est à peine assez de toute votre justice pour rétablir l'équilibre rompu. Examinez les deux camps :

D'un côté, un ancien ministre qui plaide dans sa bonne ville, sur un terrain qu'il a choisi, qui arrive à l'audience escorté de ce qui le rend tout-puissant, au milieu d'un état-major de financiers célèbres descendus exprès pour lui de leur Olympe d'or, de banquiers, plus redoutables que des rois, dont le seul nom cause un saisissement dans la foule, d'administrateurs et de directeurs des grandes compagnies, de hauts fonctionnaires qui lui doivent et la fortune et les honneurs, de tous ces personnages décoratifs, décorables, ou décorés qui, d'une allure grave et solennelle, montent au fauteuil des témoins, y prononcent sous la foi du serment une plaidoirie éloquente dont la péroraison se termine par un vibrant panégyrique, puis, d'un pas non moins solennel, un sourire dévot sur les lèvres, s'en vont, comme à une ré-ception officielle, serrer avec respect la main du maître d'hier dont les caprices parlementaires feront peut-être le maître de demain et qui, après avoir connu le saut de la roche tarpéienne, ira une fois encore gravir clopin-clopant les marches déjà bien usées de son branlant Capitole !...

De l'autre, un député raillé, vilipendé, conspué, et, comme soutien, un éditeur antisémitique !... Quelle impar-tialité faut-il attendre ? On dépose volontiers pour ceux qui sont au pinacle. Contre eux, c'est une autre affaire ; on y regarde davantage ; la mémoire est moins complaisante, les souvenirs sont plus lointains ; on oublie qu'on a juré de dire la vérité, surtout de la dire toute... Et l'observateur qui suit les péripéties du drame assiste à bien des choses pénibles et écœurantes, au spectacle de gens dont la peur tord la bouche et crispe les lèvres, qui, blêmes, viennent balbutier qu'ils ne savent rien après nous avoir préalablement avertis qu'ils ne voulaient rien savoir et, au sortir de l'audience, passant près de nous, très vite, parce que notre société est compromettante, chuchotent d'une voix imperceptible à notre oreille : « Ah! si j'avais dit ce que je sais, j'en aurais raconté long !... » (Mouvement prolongé dans la salle.)

Ceux-là, il n'est pas nécessaire de prendre des gants avec eux ! Point n'est besoin de les inviter à vouloir bien se retirer. Il suffit de leur dire : « Allez vous asseoir ! » Ils y vont avec plaisir... Ils ne demandent que ça ... (Rires.)

Que voulez-vous ? Nous sommes le pot de terre contre le pot de fer ; ou, si vous préférez une comparaison ayant plus de couleur locale, nous sommes le pavé céramique contre le pavé de Quénast. (Hilarité générale.) Que peut notre faible argile contre un porphyre assez solide pour faire une si longue traversée ?...

Oui, Messieurs, votre mission est grande. Elle grandit avec la difficulté et le péril des circonstances. Elle consiste à dissiper les illusions du prestige, à n'être point victimes de ce dangereux trompe-l'œil, à lire sur les lèvres de ceux qui n'ont pas pu parler, et à nous donner le courage de faire la lumière, à nous, les petits, les chétifs, les humbles qui n'avons qu'une force, celle que nous puisons dans notre confiance en vous. Ne vous préoccupez ni de l'origine, ni de la forme plus ou moins ridicule que la diffamation a revêtue : en cour d'assises, il est facile de railler les accusés. Peu vous importe l'élégance du style ; c'est le fond même des choses qu'il convient d'examiner. Ne vous laissez pas davantage étourdir par les périodes pompeuses sur l'horreur de la calomnie ; nous sommes tous d'accord que la calomnie est horrible ; mais la question est de savoir si vous jugez des calomniateurs.

La question est de savoir si ce livre est un crime ou une faute, un mensonge ou une erreur, un champignon hideux éclos, tout d'un coup, sans racines, sur le fumier d'esprits pervers, ou le produit nécessaire d'une semence qui depuis longtemps a germé. La question est de savoir s'il invente ou s'il répète, s'il imagine ou s'il copie, s'il est l'éditeur responsable des accusations qu'il ânonne ou le très faible écho d'une formidable rumeur. Est-ce la première fois qu'on soupçonne M. Raynal ?

M. Raynal est-il de ceux qu'on ne peut pas soupçonner ? A-t-il toujours compris cette vérité élémentaire, que la responsabilité d'un homme grandit avec son état, qu'un ministre de France n'est pas un marchand vulgaire et qu'il est pour lui des devoirs auxquels le commun du peuple n'est pas assujetti? La médisance ne l'a-t-elle jamais mordu ? Si oui, n'a-t-il pas prêté le flanc à la médisance ? Et s'il y a prêté le flanc sans jamais y répondre, quelle est aujourd'hui la cause d'une susceptibilité aussi nouvelle qu'inattendue ? Voilà les questions qui se dressent. Il importe de les résoudre

Pour ce faire, il est un témoin qui attend là-bas sur la place, et que la partie civile a oublié; je lui ouvre cette porte, je l'introduis dans cette enceinte, je le cite à cette barre; rien ne l'intimidera lui, il parlera jusqu'au bout... Ce témoin, c'est la rumeur publique ! Interrogez-le, Messieurs, écoutez-le, il vous dira si ces quatre accusés ont été seuls à croire ce qu'ils ont cru ou s'ils n'ont pas cru ce que tout Bordeaux et la moitié de la France croyaient avant eux et croient peut-être encore avec eux ? (Sensation prolongée.)

J'ai longuement étudié la vie de M. Raynal. Je suis arrivé à m'en faire une conception très nette ; je la résume en une phrase. M. Raynal a trop fait de commerce pour un homme politique, ou, si vous aimez mieux, il a trop fait de politique pour un commerçant. Non que j'estime les deux qualités incompatibles ; Dieu me garde de vouloir exclure de la Chambre les commerçants ; j'ai trop à cœur d'y voir des esprits spéciaux, possédant des connaissances techniques, remplacer la phalange inutile des avocats sans causes et des médecins sans malades. Mais si l'homme public est à la tête d'un négoce considérable (ce qui est son droit et ce que nul ne songe à lui reprocher), il peut arriver, il arrive souvent que la prospérité de ce négoce sollicite des mesures dont la masse souffrira. De là conflit entre un intérêt personnel et l'intérêt général ; de là conflit entre le désir du lucre et le devoir de citoyen, et ce conflit est redoutable, Messieurs ; il exige de robustes consciences et de vaillantes probités. Surtout si l'homme qui est à la fois ministre et commerçant domine une grande ville, la tient par ses influences de telle sorte que les administrés soient à son gré des tributaires et les fonctionnaires des complaisants. Sans contrôle, il n'a plus d'autre obstacle que sa propre réserve et sa propre modération. Il est le roi de la cité : il en deviendra, s'il veut, le fournisseur. Alors il est exposé à des tentations peu communes et une intégrité peu commune n'est pas de trop pour y résister. Alors aussi il est exposé à des critiques plus amères, à des inquisitions plus malveillantes ; impitoyablement, sans relâche, ses concurrents, qui succombent sous le prestige de ses titres officiels, ses concurrents blessés, ruinés peut-être par des faveurs répétées qu'une administration, sa vassale, érige en monopole, fouillent les recoins de sa vie pour en signaler à la foule les avidités ou les égoïsmes ; les racontars, mélange de roman et de vérité dans lequel il est difficile d'assigner la part de l'un et celle de l'autre, deviennent des récits formels que la malice précise ; des antipathies politiques sont heureuses de s'en mêler ; des polémistes de talent découvrent des choses piquantes, remarquent des coïncidences regrettables, font des rapprochements inquiétants ; tout cela s'amasse, s'amasse, comme une lente alluvion ; et tout cela mine sourdement l'honneur de l'homme public, sape les bases de sa renommée chancelante, jusqu'au jour où son caractère amoindri dans l'esprit de la foule n'oppose plus qu'une digue impuissante à l'irrésistible poussée de quelque accusation gigantesque germée en pleine Chambre au milieu des éclats d'un fougueux anathème lancé par un tribun républicain !

Étudiez cette page d'histoire que M. l'avocat général n'a pas voulu signer et dites-moi si M. Raynal a joué son double rôle avec l'élévation et le tact nécessaires ; dites-moi si sa conduite et sa vie réalisent à vos yeux l'idée que jusqu'ici, en France, nous nous faisions de l'homme public !

Personne n'est au-dessus du soupçon, vous a dit M. l'avocat général; la calomnie peut viser tout le monde.

Oui, sans doute, la calomnie peut viser tout le monde; mais tout le monde n'est pas atteint par la calomnie; on ne calomnie pas un Mac Mahon, on ne calomnie pas un Dufaure, ou si, par aventure, on traite Mac Mahon de lâche ou Dufaure de voleur, qu'ils gardent un dédaigneux silence et qu'ils fassent comme le voyageur qui, sans émoi, contemple du haut de la rive les fureurs du torrent qui ne peuvent l'atteindre! Ils en ont le droit; car leur honnêteté se passe de commentaire; c'est une honnêteté simple, lumineuse, dont le rayonnement calme et pur étincelle à tous les yeux que n'aveugle point l'incurable parti pris de la haine.

Mais à côté de ces honnêtetés-là, il en est d'autres en politique, il est des honnêtetés savantes, complexes, litigieuses, des honnêtetés compliquées de gens d'affaires retors, obligées de plaider à chaque instant contre l'opinion publique et qui, pour gagner leur cause, ont besoin de se faire les clientes de l'esprit d'un bâtonnier. (Hilarité.) Encore, le plus souvent, la gagnent-elles à la faveur du doute et, si elles ont la chance de tomber sur des juges plus charitables que sévères, triomphent-elles moins parce qu'elles ont établi leur innocence que parce que l'extrême discrétion des témoignages qui les gênent ne permet pas d'établir leur pleine culpabilité. Voilà celles que le soupçon peut atteindre; voilà celles à qui on rend service en leur fournissant l'occasion d'un lavage officiel; cette occasion leur est utile; en tous cas, elle sert au pays.

M. l'avocat général vous dit : « Prenez garde de confondre l'homme public et l'homme privé; le premier seul est en cause, le second ne vous appartient pas.» Mais dans l'examen de la vie d'un politicien-homme d'affaires, la distinction est-elle possible? L'est-elle surtout en ce qui touche M. Raynal? L'homme public et l'homme privé! Mais chez lui ils ne font qu'un seul homme! On voit sans cesse le premier au

2.

service du second ? Étudier l'un, c'est étudier l'autre : ils ne sont que les deux faces du même individu. Lisez les divers chapitres de cette existence en partie double : si vous cherchez le ressort de son activité, il vous faut prendre une feuille, la partager en deux colonnes et mettre en regard la vie politique et l'intérêt personnel ; celui-ci est la clé de celle-là. La confusion est perpétuelle ; on la retrouve à chaque instant.

C'est d'abord l'épisode des pavés de Quénast dont le nom a tenu tant de place dans les dernières audiences. Si l'on fait abstraction d'un monceau de détails accessoires, quel est le point intéressant ? Nous sommes tous convenus que la question palpitante n'est pas la dimension exacte de ces pavés légendaires, ni de savoir s'ils sont ou non céramiques, mais bien si un homme public s'est servi de son influence afin de neutraliser, par le moyen d'un monopole, la concurrence française au profit de produits étrangers. Nous avons soutenu l'affirmative ; voilà notre imputation ; elle est vraie ou fausse ; mais, avant de l'établir, il importait de la préciser. Elle ne vise, remarquez-le, aucun fait de concussion ou de vol, mais un simple abus, ou, si vous le voulez, un *usage* du pouvoir qui, s'il ne viole pas les lois de l'honnêteté proprement dite, choque la délicatesse qu'on attend d'un homme public. Voilà notre articulation réduite à ses justes limites ; dans ces termes, elle n'est guère contestable et, si le livre n'avait pas dit autre chose, je doute qu'on l'eût poursuivi.

En effet, il est un fait certain, reconnu par M. Raynal lui-même, c'est que ce dernier a le monopole de l'importation des pavés de Quénast ; il en est à Bordeaux le consignataire exclusif ; c'est donc à lui, à lui seul que, de toute nécessité, on s'adresse pour obtenir ces précieux pavés puisqu'il est impossible de se les procurer ailleurs ; ils sont indissolublement liés à sa personne ; on ne les sépare pas de son nom ; leur souvenir évoque le sien par une association d'idées nécessaire ; le populaire, toujours si énergique et si concis dans son langage, les appelle des « Raynal » tout court. Ce

terme, créé par l'esprit gascon dont on s'empare quelquefois
en le faisant passer pour sien, a fait son chemin ; il est,
paraît-il, devenu familier aux cochers de fiacre dont les
chevaux, par patriotisme sans doute, buttent sans cesse
contre ces cailloux exotiques trop pointus et trop glissants
pour leurs sabots périgourdins. (Rires.) Un Monsieur *très
bien*, comme tous les témoins de M. Raynal, a certifié n'avoir
pas entendu la chose ; mais les témoins de M. Raynal ne
sont pas, comme les nôtres, gens modestes et économes
qui, lorsqu'ils ne vont pas à pied, prennent une voiture de
louage ; ce sont des gens huppés, cossus, à même de s'offrir
une voiture de maître et leurs laquais, mieux stylés que nos
conducteurs démocratiques, n'expriment pas à haute voix
leurs sentiments sur la marchandise de M. Raynal. (Hilarité.)

D'autre part, il est un fait non moins certain, c'est que
du jour où M. Raynal s'est dessiné à l'horizon comme un
chef de file, les administrateurs de la localité ont conçu une
passion merveilleuse pour les pavés qui naviguent sous son
pavillon. Ils n'ont pas perdu une occasion de les utiliser ;
ils en ont prescrit l'emploi — ce que je savais — pour la
ville ; ils l'ont également prescrit — ce que j'ignorais —
pour les quais. Ils l'ont prescrit partout. La joie de s'en servir a enflammé leur zèle pour la voirie d'une façon incroyable ; nulle part, on ne pave autant qu'à Bordeaux. N'est-on
pas venu déposer qu'il n'y a pas assez de porphyre en France
pour vous satisfaire et que c'est à cause de cela qu'on en
demande à l'étranger ? Grand Dieu ! Quelle consommation !
Comment se fait-il alors qu'à Cherbourg et à Bergerac on se
plaigne avec tant d'amertume de ne plus écouler ses produits ? N'importe : voilà ce que nous apprennent les témoins
de M. Raynal. Pour absorber une pareille quantité de pierres,
il faut qu'on pave... ou qu'on dépave joliment, afin de mieux
repaver ! Quoi d'étonnant, dans ces conditions, à ce que de
bonnes gens, qui ignorent le fin mot des choses, aient cru
dans leur candeur naïve que, au lieu d'employer la marchandise de M. Raynal pour paver la ville, on pavait la ville

pour employer la marchandise de M. Raynal ? (Mouvement.)
Ils savent bien que M. Raynal ne vend pas les pavés de Quénast ; mais ils savent aussi que M. Raynal touche une commission de ceux qui les vendent et qu'il a par conséquent
intérêt à leur en faire vendre le plus possible afin de toucher
une plus forte commission ; et ils se disent que, lorsqu'un
homme s'appelle M. David Raynal, que par sa fortune, son
pouvoir, ses relations, ses influences, cet homme appartient
à la catégorie de ceux auxquels on obéit volontiers d'office
avant qu'ils aient rien commandé, il suffit de savoir que cet
homme s'intéresse à des pavés belges pour découvrir aussitôt dans ces pavés pérégrins une foule de mérites dont nos
pavés nationaux sont dépourvus.

Ce sentiment bien humain explique, sans qu'on ait besoin
de chercher autre chose, l'enthousiasme géologique de vos
administrateurs pour le porphyre de Quénast. Il explique
peut-être aussi les deux dépositions apportées à cette barre
au nom de M. Raynal. J'aurai à relever une contradiction
assez piquante entre ces deux témoignages ; mais d'abord,
rappelons le but auquel ils tendent tous les deux.

Je ne sais qui a insinué que l'immigration des pavés de
Quénast avait été en quelque sorte clandestine. Aussitôt
M. l'avocat général de s'émouvoir et d'attacher à cet adjectif
une importance qu'aucun de nous n'avait songé à lui attribuer. A sa demande, M. l'ingénieur Wolff déclare que rien
n'est moins clandestin que l'emploi des fameux pavés, que
cet emploi a été approuvé, sanctionné, recommandé, inscrit
au cahier des charges par vos édiles, et cela, à sa propre
requête, après rapport, délibération au sein du conseil et
tout ce qui s'en suit. Je n'en ai jamais douté, Messieurs, et
j'étais exactement renseigné à cet égard. Ce n'est pas moi
qui dirai le contraire, puisque, dans tout ce qui précède, je
n'ai cessé de célébrer la fidélité de l'administration à la
cause de M. Raynal. Fidélité parfaitement désintéressée,
d'ailleurs ; cela est l'évidence même, mais on nous fait insinuer tant de choses qu'il ne nous est pas inutile de consta-

ter les évidences. Il est donc bien entendu que M. Raynal n'a acheté ni le conseil municipal ni l'ingénieur. On n'achète pas plus un ingénieur qu'un conseil municipal. Mais un ingénieur a des sympathies, et un conseil mucicipal des préférences ; et il n'est pas trop difficile de comprendre qu'un coreligionnaire politique qui se trouve être en même temps un commissionnaire en pavés retire le bénéfice de ces préférences et de ces sympathies. Surtout quand le conseil municipal, l'ingénieur et le commissionnaire appartiennent tous trois à un parti où l'on s'aide et se soutient mieux que dans aucun autre, à une coterie très habile dont M. David Raynal est l'un des leaders les plus forts, coterie qui a la vie dure, car elle fait de temps en temps de terribles plongeons, mais trouve toujours le moyen de reparaître à la surface, grâce à un flair particulier, à un adresse incontestable, à une tactique savante qui est le comble de l'opportu...nité ! (Hilarité générale.)

J'admets donc sans difficulté les dires de M. Wolff. Mais ce qui est plus difficile, c'est de concilier son témoignage avec le suivant, celui de M. Dormoys. Ici s'élève la contradiction que je signalais tout à l'heure ; elle est frappante. Rapprochons avec soin les deux dépositions.

« On achète pour 80,000 à 100,000 francs de pavés de Quénast par an, dit M. Wolff. En 1879, sur ma proposition, la ville renonça à acheter elle-même et imposa les pavés choisis à ses entrepreneurs. Elle a accepté les *Quénast* parce qu'on lui garantissait l'exactitude des livraisons. Le conseil connaît le détail de toutes ces fournitures, puisque c'est lui qui doit approuver les adjudications. » Voilà qui est net, précis, catégorique : c'est le conseil qui approuve les adjudications ; par conséquent, il connaît le détail des fournitures ; pour approuver, il faut qu'il délibère, et il délibère, en effet, puisqu'on lui adresse un rapport dont il discute les conclusions avant de les sanctionner. Voilà le témoignage de M. Wolff; il en résulte — et c'est bien là son but — que le conseil municipal est très au fait de tout ce qui concerne les pavés de Quénast, que rien de ce qui les touche ne saurait lui échapper et que l'approbation qu'il leur donne est une approbation sérieuse et réfléchie. C'est cela, n'est-il pas vrai?

Eh bien? écoutez maintenant M. Dormoys, membre du conseil municipal — un des adjoints, l'adjoint chargé des travaux publics peut-être ! « Les pavés de Quénast. Qu'est-ce que c'est que ça, s'écrie-t-il ; je n'en ai jamais entendu parler ! »

Voyons, raisonnons un peu. Si M. Wolff a dit la vérité — et je suppose qu'il l'a dite, car une autre supposition serait contraire au respect que jusqu'à la dernière extrémité je veux professer pour les témoins de M. Raynal, — M. Dormoys a entendu parler des pavés de Quénast ! M. Dormoys est-il, pour une raison quelconque, demeuré pleinement étranger à la question des pavés ? Alors, pourquoi M. Raynal l'a-t-il justement choisi pour déposer sur cette question ? M. Dormoys n'est-il pas demeuré étranger à la question des pavés ? M. Dormoys dormait donc pendant qu'on discutait devant lui les conclusions des rapports dont ces pavés étaient l'objet ! Je me demande, en ce cas, à quoi peut bien vous servir un conseil municipal et comment s'y prennent ceux qui dorment pour contrôler le vote de ceux qui veillent... à la sauvegarde des intérêts de M. Raynal!.. (Rires.)

Voilà les témoins de M. Raynal. Pour être complet, je leur oppose une ou deux pièces que je livre à leurs méditations impartiales. La première sera agréable à M. l'avocat général, car elle a été désagréable à M. Delboy. (Hilarité.)

M. L'AVOCAT GÉNÉRAL. — Me de Saint-Auban, je ne cherche ici à être désagréable à personne, pas plus à M. Delboy qu'à n'importe qui.

Me DE SAINT-AUBAN.—J'en suis convaincu, Monsieur l'avocat général, et l'estime que j'ai pour votre personne me sauve du reproche de vous avoir manqué d'égards. Seulement, à votre insu, vous avez suivi le courant de la partie civile qui, dans un but facile à comprendre, a fait de M. Delboy un accusé afin d'amoindrir son témoignage. (Mouvement.)

Voici, d'ailleurs, en quoi le document annoncé a pu être

désagréable à M. Delboy ; c'est qu'il relève quelques inexactitudes que ce dernier aurait commises tout en confirmant
ses dires dans ce qu'ils ont d'essentiel. Les critiques qu'il lui
adresse sont bien légères ; mais je les mentionne parce que
je suis heureux d'emprunter l'éclatante démonstration de
ma thèse à un contradicteur de M. Delboy. Permettez-moi
de vous lire *in extenso* la lettre que lui écrivait publiquement
ce contradicteur :

Monsieur,

J'ai lu très attentivement votre article sur les *Pavés de Quénast*
et je vous demande de vouloir bien le compléter en insérant les
appréciations suivantes qui relèvent quelques inexactitudes de
détail, mais en confirmant les faits principaux.

Vous nous faites l'historique de l'emploi du pavé de Quénast à
Bordeaux. Il est bon de savoir, à ce sujet, que les pavés prévus
sur le devis des travaux mentionnés, en 1873, étaient le Cherbourg
et le Quénast ; qu'il fut impossible à l'entrepreneur de se procurer
le premier, *que le pavé de Rostellec (Bretagne) qu'il offrit en
remplacement ne fut pas accepté malgré sa bonne qualité et
que force fut pour lui de prendre le Quénast aux conditions
exorbitantes que vous avez indiquées, c'est-à dire à 420 francs
le mille, lorsqu'il ne lui était payé que 380 francs.*

Pourquoi l'administration municipale d'alors refusait-elle l'emploi du Rostellec (qu'elle a accepté depuis), et exigeait-elle l'emploi du Quénast? *Mystère, ou plutôt : Cherchez le fournisseur.*

L'ingénieur de la ville ne sortira certainement pas du dilemme
que vous lui avez posé, mais il vous donnera de bonnes raisons
pour essayer de vous démontrer qu'en cela il ne pouvait rien.

*Il y a quelques mois, un membre du conseil municipal a
soulevé en séance une question analogue à celle que vous
traitez ; son rapport, travaillé avec soin, démontrait clairement
que si les pavés de Quénast étaient encore employés à Bordeaux,
c'était parce que l'administration municipale avait foulé aux
pieds les principes élémentaires du patriotisme en ne réservant
pas exclusivement aux producteurs français les fournitures nécessaires à l'entretien de notre ville. — La Belgique a prohibé
la pierre française ; raison de plus, sans doute, pour qu'à Bor-*

deaux on emploie la pierre belge. — Pourquoi ? Cherchez le fournisseur ! MAIS A QUI LA FAUTE SI CE N'EST A CEUX QUE NOUS AVONS CHARGÉS DE LA DÉFENSE DE NOS INTÉRÊTS ET QUI LES SACRIFIENT AU BÉNÉFICE DE CERTAINES PERSONNALITÉS INFLUENTES QU'ELLES N'OSENT ET NE PEUVENT CONTRARIER POUR DES MOTIFS QUE TOUT LE MONDE CONNAIT A BORDEAUX.

— Dans votre article, vous établissez une comparaison entre les prix du mètre carré de pavage en pavés de porphyre et de Bergerac ; vous trouvez que le premier coûte 25 p. 100 plus cher que le second. Vous ajoutez que pour justifier l'emploi du Quénast on invoque sa supériorité de résistance, son uniformité dans l'usure qui n'existe pas dans le pavé de Bergerac, et vous dites : « *Sont-* « *ce là des raisons suffisantes pour augmenter les dépenses des* « *contribuables contemporains ?* » A cela je répondrai : C'est avec juste raison que l'on emploie le porphyre au lieu et place du Bergerac, malgré sa supériorité de prix ; c'est un avantage réel pour les contribuables, car en admettant que le porphyre coûte 50 p. 100 plus cher que le Bergerac, sa durée étant au moins double de ce dernier, sinon plus forte, son emploi représente encore 50 p. 100 et plus d'économie.

Voici seulement où l'administration municipale a eu les plus grands torts : *c'est en ne recherchant pas à remplacer ce produit étranger par un produit français équivalent.* En existe-t-il ? Oui. L'administration le sait-elle ? Oui. — Le savait-elle lors de l'établissement du devis et cahier des charges de la dernière adjudication ? Certainement oui, et si elle prétendait ne pas le savoir, elle serait tout aussi coupable, car elle avait pour premier devoir de prendre les informations nécessaires en pareil cas. Pourquoi n'a-t-elle pas fait tout cela ? Je répondrai encore : Cherchez le fournisseur.

— Vous dites ensuite qu'en pénétrant plus avant dans la roche des carrières de Bergerac, on obtiendrait un produit supérieur à celui qu'elles livrent actuellement. — Je le veux bien avec vous, mais il y aurait, dans ce cas, pour le producteur, surcroît de frais d'exploitation et, par suite, augmentation de prix de vente. La proportion resterait toujours la même eu égard à l'avantage des contribuables.

— Vous dites encore qu'avant l'emploi à Bordeaux du pavé de Quénast, on n'utilisait que le pavé de Bergerac. Demandez aux divers entrepreneurs de pavage, ils vous répondront : Nous employions aussi le pavé de Cherbourg. On employait ce dernier pavé principalement sur les quais à cause de sa qualité tout à fait supérieure, et ensuite parce qu'il est moins glissant que les porphyres belges.

Puisque l'ingénieur de la ville a prévu au devis les pavés de Rostellec et de l'Ile Longue (Bretagne), les grès de Bergerac et les granites de Bretagne et de Normandie, pourquoi n'a-t-il pas prévu aussi les pavés de Cherbourg, puisque ces derniers rivalisent avantageusement avec les pavés de Quénast comme qualité et comme prix ? Pourquoi n'a-t-il pas imité en cela les ingénieurs du service des ponts et chaussées à Bordeaux, service maritime et service du département, qui ont supprimé totalement le produit étranger pour le remplacer par des produits exclusivement français ? A cela il faut répondre encore : Cherchez le fournisseur.

Voici notre conclusion. Nous en rapportant à la décision prise il y a quelques mois par notre nouveau Conseil municipal : *que la priorité sera accordée aux produits français pour les diverses fournitures de la ville*, nous n'avons qu'à demander l'application immédiate de cette décision. Si cette satisfaction nous était refusée, nous serions convaincus du degré de patriotisme de nos mandataires ; si elle nous est accordée, ce sera justice rendue à des Français qui ne demandent qu'à travailler et faire exclusivement profiter leur patrie du fruit de leurs peines.

Vous avez noté, Messieurs, le passage où il est constaté *que le pavé de Rostellec (Bretagne) ne fut pas accepté malgré sa bonne qualité et que force fut pour l'entrepreneur de prendre le Quénast aux conditions exorbitantes, indiquées par M. Delboy, de 420 francs le mille, lorsqu'il ne lui était payé que 380 francs !* Quoi d'étonnant, dès lors, à ce que l'entrepreneur ait éprouvé de ce chef un préjudice qu'il évaluait lui-même à environ 6,000 francs ? Ah ! l'entrepreneur a oublié ce propos ! On oublie tant de choses aujourd'hui ! Une de plus ou de moins ne tire pas à conséquence... Pour le surplus, la lettre que je viens de vous lire, se borne à contester quelques-unes des appréciations économiques de M. Delboy ; mais elle se trouve d'accord avec lui sur tous les faits matériels ..... comme aussi sur la moralité qui s'en dégage. La moralité, elle tient dans ces trois mots : *Cherchez le fournisseur !* Le fournisseur, oui, c'est bien à cause de lui, pour le servir, pour lui complaire, que, dans une ville française on accorde aux produits étrangers la priorité sur les produits français, que l'administration foule aux pieds les principes élémentaires du patriotisme en ne réservant pas aux producteurs nationaux les fournitures nécessaires à l'entretien de votre grande cité ! « A qui la faute, si ce n'est à ceux que nous avons chargés de la défense de nos intérêts et qui les sacrifient au bénéfice de *certaines personnalités influentes* qu'elles n'osent et ne peuvent contrarier *pour des motifs que tout le monde connaît à Bordeaux ?* » Oui, ces motifs, tout le monde les connaît à Bordeaux ; seulement, nous traversons une heure où la peur les fait oublier à quelques-uns ; demain le souvenir leur reviendra, et ils se rappelleront de nouveau ces motifs que rien ne saurait effacer de leur mémoire et qui tiennent dans les trois mots, les mots de la fin, les mots topiques : *Cherchez le fournisseur !*

Et que dire si, non content d'accepter ces faveurs spontanées, aussi lucratives pour lui qu'onéreuses pour la ville, le *fournisseur* les provoque, les arrache par la pression de son autorité, par un abus de sa puissance, et poursuit d'une haine implacable, malheureusement trop efficace, ceux qui osent lui résister ?

Voilà qui serait bas, vil, odieux, méprisable, disait Mᵉ Durier, mais voilà qui n'a pas eu lieu. J'en demande pardon à Mᵉ Durier, mais voilà ce qui a eu lieu. Le récit de M. Robert Mitchel l'atteste ; vous l'avez présent à l'esprit :

« J'étais avant-hier à Langon avec le docteur Bonnefoy, a-t-il déposé, il me raconta le fait suivant : M. Joly de Boissel, du temps qu'il était ingénieur en activité de service, reçut un jour la visite de M. Raynal qui lui demanda la fourniture de tous les pavages des docks. L'ingénieur répondit à M. Raynal que cette fourniture devait être donnée à l'adjudication. M. Raynal aurait insisté pour l'avoir à l'amiable. M. Joly refusa et, aussitôt que M. Raynal arriva au ministère, fut mis à la retraite avec le minimum de la pension, c'est-à-dire en disgrâce. »

Pourquoi n'avoir pas cité M. Joly de Boissel en personne ? nous a-t-on objecté. On avait mal entendu la déposition de M. Robert Mitchel ; on y aurait trouvé sans peine la réponse à l'objection, puisque c'est avant-hier seulement que l'honorable témoin a connu, pour l'avoir, dans une conversation, appris de la bouche de M. le docteur Bonnefoy, cet épisode très significatif et très triste de la vie politico-commerciale de M. Raynal. C'est lui qui l'a révélé ; nous l'ignorions jusqu'alors, M. Joly de Boissel n'ayant pas jugé à propos de nous en informer, — ce qui prouve que nos témoins à nous ne nous font pas des offres de service et ne sollicitent point l'honneur de déposer contre M. Raynal. Mais si M. Joly de Boissel ne tient point à ébruiter son histoire, il n'a point non plus de raisons pour la cacher ; il la raconte, quand il le faut ; il a estimé, sans doute, qu'aujourd'hui il le fallait, car il la raconte tout au long dans une lettre édifiante qu'il adresse au journal *le Nouvelliste* pour rectifier les assertions singulières de M. Cendre, le collaborateur et l'ami de M. Raynal. J'ai là sous les yeux cette lettre ; il en résulte nettement que pour avoir osé résister aux fantaisies administratives de M. Raynal, M. Joly a vu sa carrière entravée et finalement brisée.

M. L'AVOCAT GÉNÉRAL. — Si vous insistez sur ce point, j'ai entre les mains un dossier dont je donnerai lecture et qui établira que ce n'est point par M. Raynal, mais par son successeur que M. de Boissel a été mis à la retraite pour limite d'âge.

Mᵉ DE SAINT-AUBAN. — Il a donc été *mis à la retraite !* C'est votre dossier qui l'établit ! Et M. Cendre qui affirmait sous la foi du serment à cette barre *que M. de Boissel avait donné sa démission par dépit !...* Ainsi que l'écrit ce dernier, « il faut que M. Cendre ait la tête troublée par la rapidité de son avancement pour travestir ainsi les faits ! »

Peu m'importe, quant au reste, que le décret ait été rendu

par M. Raynal ou par un de ses amis. Il est bien possible que M. Raynal ne fût pas en titre le jour précis où sa victime atteignit la limite d'âge. Si ce n'est lui, c'est donc son frère !...

Entre coreligionnaires politiques, ce sont de petits services qui entretiennent l'amitié. Gardez donc le dossier que vous avez tiré du fond de votre ministère ; je ne veux pas discuter avec lui. Il existe toujours un dossier en pareil cas, sans qu'on sache jamais d'où il sort !... (Vive émotion.) Quoi qu'il prouve, votre dossier, il est un point qu'il n'établira pas, c'est que M. Raynal n'a jamais fait auprès de M. de Boissel la démarche dont on l'accuse ! Cette démarche, elle est au contraire exposée en des termes qui ne laissent pas l'ombre d'un doute :

« Il est d'ailleurs parfaitement exact que M. Raynal a fait auprès de moi des démarches pour obtenir la concession de gré à gré de l'entreprise de pavage du bassin à flot et que j'ai repoussé sa demande par le motif que cette entreprise ne pouvait être légalement attribuée qu'en adjudication publique. »

Voilà un fait précis, certain, matériel, attesté par un homme d'honneur, longtemps investi de hautes fonctions par la confiance du gouvernement du pays, par un homme qui, s'il était venu à cette barre, y aurait parlé avec autant d'autorité et de prestige que tous vos personnages officiels. Ce fait matériel, il est indéniable, et il n'y a ni papier administratif ni dépêche qui puisse le démentir ! (Mouvement prolongé.)

J'arrive maintenant à l'examen de la deuxième affaire, celle du *gaz de Bordeaux :* nulle part dans la carrière de M. Raynal ne s'est manifesté un lien plus étroit entre la vie de l'homme public et celle du commerçant. Je prendrai successivement chacun des termes de la prétendue diffamation.

Et d'abord je mets de côté la formule qui la résume, à savoir qu' « il n'y a pas de bourgade plus mal éclairée que Bordeaux ». Cette allégation ne porte atteinte à l'honorabilité de personne, de votre belle ville moins que de n'im-

porte qui. Peut-être ne serait-il pas, d'ailleurs, impossible
d'en administrer la preuve. Vous l'avouerai-je, Messieurs,
quand je songe aux magnificences de votre superbe cité, à
ses monuments, à ses places, à l'enchantement inoubliable
de ce paysage maritime reculé tout au fond de vos terres
fertiles, je me permets de penser et de dire que votre éclairage n'est pas tout à fait à la hauteur de la situation. (Sourires.)

« La véritable source première de la fortune des Raynal et
Astruc fut l'affaire de la Compagnie du gaz de Bordeaux. »

Que la source première de la fortune de M. Raynal ait été
une affaire commerciale, rien là assurément qui soit de
nature à le blesser. Comment s'expliquerait sa fortune, si ce
n'est par le commerce ? Il est parfaitement de mon avis à
cet égard. Je me rappelle avoir lu, vers le mois de novembre
dernier, une lettre qu'il écrivait au cours de l'instruction et
dont le sens général peut se traduire ainsi : « Il n'est pas
étonnant que je sois riche ; je suis commerçant ; ma fortune
est le résultat de mes opérations commerciales. » D'accord.
D'autre part, M. Raynal conviendra sans peine que son
négoce ou, du moins, une branche importante de ce négoce
consiste précisément dans le transport des charbons anglais
pour le compte de la compagnie du gaz. En résumé, M. Raynal transporte le charbon de la compagnie ; il s'est enrichi
par ce transport ; rien dans ce double fait qui soit diffamatoire, rien qui ne soit scrupuleusement vrai.

Mais le livre contient autre chose, et cet autre chose, le
voici :

« Le susdit Raynal fit contracter la municipalité de Bordeaux
avec une Compagnie financière de Paris pour la concession et le
monopole du gaz de la ville pour une période fort longue, à de
telles conditions que les actions de la Compagnie de gaz de Bordeaux, émises à 500 francs, valent aujourd'hui 1,500 francs.

« Il ne peut dire qu'il n'a rien reçu en échange de son entremise, puisque c'est la maison A... et R... qui est chargée par ladite Compagnie du gaz du transport des charbons depuis l'Angleterre jusqu'à Bordeaux.

« Il a dû, sans doute, recevoir autre chose, mais il n'y a pas de preuves palpables ; n'en parlons pas. »

Je fais abstraction, pour le moment, du dernier paragraphe ; la formule qu'il contient est profondément regrettable ; car il ne faut jamais, quelque intime conviction qu'on en ait, dire qu'un homme a dû recevoir quelque chose lorsqu'on est aussitôt après obligé d'ajouter qu'on n'en a pas de preuves palpables » ; le mieux, en effet, est alors de n'en point parler. J'aurai seulement à rechercher — et je vous donnerai à cet égard les satisfactions les plus amples — si cette phrase, injurieuse, je le reconnais, dans sa forme dubitative, est une trouvaille de M. Numa Gilly ou bien l'écho d'autres imputations beaucoup plus affirmatives avancées par des polémistes infiniment plus éloquents à une époque où M. Raynal se montrait d'une tolérance aussi dangereuse et aussi excessive que sa susceptibilité d'aujourd'hui...

Cette insinuation mise à part, le fait se réduit aux deux propositions suivantes :

1° M. Raynal est chargé du transport des charbons anglais pour le compte de la Compagnie du gaz. — La chose est hors de doute et il la reconnaît ;

2° C'est grâce à l'influence et à l'intervention toute-puissante de M. Raynal, que la Compagnie du gaz a obtenu du conseil municipal de Bordeaux l'autorisation de se fonder, et la concession du transport des charbons a été le prix de cette influence et de cette intervention.

Pas plus que dans l'affaire des pavés de Quénast, il ne s'agit ici de sommes d'argent, de pots-de-vin distribués aux membres de la municipalité ; mais, comme dans l'affaire des pavés de Quénast dont l'affaire du gaz est contemporaine, il s'agit de privilège, de favoritisme, d'une influence politique mise au service d'appétits personnels, d'une fortune particulière faisant son chemin sous le couvert de l'intérêt public. C'est l'éternelle histoire du politicien aux gages d'une entreprise industrielle ou financière! Elle serait longue la liste de ces marchés, parfois criminels, souvent déshonnêtes, toujours compromettants pour l'honneur et la bonne renommée de la Représentation Nationale! Ce n'est pas toujours une poignée d'or qui paie le conseiller général, le député, le sous-secrétaire d'Etat, le ministre. Le plus souvent, l'équivalent qu'il touche revêt une forme moins brutale qui ne choque pas tout d'abord sa probité ou son éducation; mais, si ingénieux que soit le judaïsme dont les procédés variés lui semblent par une heureuse harmonie satisfaire à la fois sa bourse et sa conscience, une avidité moins complaisante et un scrupule plus vigilant l'éloigneraient de ces spéculations équivoques où l'appât du gain altère forcément dans son cœur la notion du devoir civique et de la responsabilité inhérente au pouvoir.

M. Raynal nie maintenant avoir favorisé par ses démarches la création de la Compagnie du gaz. Je le comprends sans peine. Car, si la Compagnie du gaz doit à M. Raynal l'existence, quand on verra le même M. Raynal devenir l'agent de la Compagnie du gaz — un mois et demi après sa fondation, dit son directeur, M. Oppenheim, qui d'ailleurs, je ne sais pourquoi, n'exhibe pas le traité, — quand on verra, d'autre part, ainsi qu'en dépose un témoin, le grand rabbin de Belgique, cousin de M. Astruc, l'associé de M. Raynal, s'entremettre au nom de ceux-ci auprès de la société nouvelle sans doute pour la rappeler à l'exécution de ses promesses, on trouvera malgré soi dans le rapprochement des faits autre chose qu'une simple coïncidence et l'on ne pourra se défendre de penser qu'il existe entre eux un lien étroit, une connexité certaine, qu'ils s'expliquent l'un par l'autre, que l'un est la cause de l'autre et que si M. Raynal est devenu transporteur des charbons de la Compagnie, c'est en échange de l'appui prêté à cette Compagnie.

M. Raynal a-t-il donc, par le secours de ses influences,

déterminé le vote du conseil municipal autorisant la création de la Société du gaz?

Sans recourir à la preuve directe qui n'est pas dans mes intentions, me plaçant toujours au point de vue de la sincérité qui est celui de M. Savine, j'affirme et je démontre :

1° Qu'on a pu le croire ;

2° Que l'opinion publique l'a cru, en effet ;

3° Qu'il subsiste de cette croyance des documents irrécusables de nature à convaincre un éditeur de bonne foi.

L'étude de ces documents nécessite un rapide historique qui résume des faits déjà connus de vous.

Sous le second Empire, le soin d'éclairer Bordeaux était confié à une société nommée « La Continentale ». En 1874, sous l'administration de M. de Pelleport-Burette, on substitua à La Continentale une société nouvelle, « La Financière » de Paris au capital de 40 millions. Parmi les administrateurs de la « Financière » se trouvait M. Oppenheim, financier opulent et habile — comme beaucoup de ses confrères — qui était en même temps administrateur des « Dépôts et Comptes courants ». Le cumul de ces deux fonctions n'avait rien d'anormal — au contraire, car, ainsi qu'on vous l'a expliqué au cours des interrogatoires, la « Financière » était la porte de derrière des « Dépôts et Comptes courants ». Je dis : *la porte de derrière ;* je ne dis pas : *la porte de sortie,* ce qui donnerait lieu de croire que les capitaux sortaient par cette porte, tandis qu'en général c'est par là qu'ils entraient. Les « Dépôts et Comptes courants », c'était le grand escalier d'en face ; la « Financière », c'était l'escalier de service ; et il ne faut pas mépriser l'escalier de service : c'est par là que montent les provisions. (Sourires.)

M. Oppenheim, flairant dans le *Gaz de Bordeaux* une excellente affaire, parut tenir un raisonnement que je saisis à merveille et qui n'était qu'un jeu pour un calculateur de sa trempe. Ce raisonnement, le voici : Quand on fait d'un gâteau quatre parts, chaque part est plus grosse que lorsqu'on en fait vingt. C'est lumineux et incontestable.

(Rires.) Or, en matière financière, le revenu d'une entreprise ressemble assez à un gâteau, et les actionnaires sont les convives qui se partagent ce gâteau. Moins ils sont, plus ils touchent. Si donc, au lieu de répartir les plantureux produits du futur éclairage entre les 40 millions de la « Financière », on réservait ces mêmes produits à une Société nouvelle qu'on fonderait seulement au capital de 3 millions, il était clair que les 3 millions de la Société nouvelle auraient de plus gros morceaux à manger que les 40 millions de la « Financière ».

J'imagine que M. Oppenheim, n'eut pas de peine à trouver des collaborateurs disposés à comprendre ce judicieux calcul. Toujours est-il qu'il les trouva et fonda avec eux un syndicat qui fut l'embryon de l'entreprise rêvée. Il fut convenu que le capital serait divisé en 6,000 actions de 500 francs chacune.

La Société financière en prit. . . .	2,400
Kohnd Reinach et Cⁱᵉ.	1,200
Oppenheim	600
MM. Bischoffsheim.	600
Jules Lebaudy	1,200
Total égal.	6,000

Ce groupe que j'appellerai volontiers le comité de fondation, devait souscrire tant pour lui que pour quelques privilégiés qu'il désignerait en temps opportun. Quand on connut ces élus de la fortune, ils se trouvèrent au nombre de 19, presque tous coreligionnaires de M. Raynal. Le partage des bénéfices se faisait de la façon suivante :

1° 75 p. 100 ou les trois quarts, à titre de dividende, à toutes les actions amorties ou non, les actions amorties étant représentées par des actions de jouissance.

2° Le reste, soit 25 p. 100 ou le quart, aux *300 parts de fondateurs reconnues aux souscripteurs des 6,000 actions à raison d'une part par 20 actions souscrites.*

3.

Ces clauses restèrent longtemps inconnues, parce que les statuts furent tenus secrets ; elles n'ont été révélées que le 6 février dernier par un dépôt tardif au greffe du tribunal de commerce dans les circonstances qui vous ont été exposées. On voit que les 19 se taillaient une large part dans les bénéfices ; ils les jugeaient dignes de leur plus bienveillante considération ; ils ne se trompaient pas : les bénéfices ont répondu à leur attente. Les actions valent aujourd'hui 1,500 francs, dit le livre de M. Numa Gilly ; elles valent même davantage : d'après les cours de la Bourse, le mois dernier, leur cote variait entre 1,575 et 1,645 francs ; il paraît qu'elle a atteint 1,750 francs. A ce taux, les porteurs de titres auraient pu réaliser trois capitaux et demi pour un !

Ah ! les malins avaient raison de flairer dans le *gaz de Bordeaux* une excellente affaire ! Ils avaient raison de vouloir se l'approprier ! Mais la chose n'allait pas toute seule. Le cahier des charges de « la Financière », dans son article 1, stipulait incessible le droit concédé. Il fallait donc que la ville, c'est-à-dire le conseil municipal, autorisât « la Financière » à consentir une rétrocession défendue par le cahier des charges. A cette condition seulement on pouvait détacher du tronc quelque peu vermoulu de la société mère ce rameau florissant qui se nomme la *Société du gaz de Bordeaux*. Cela semblait difficile ; quel sort aurait la requête ? Le conseil autoriserait-il ?..

Le conseil autorisa.

Quel était ce conseil ? A sa tête se trouvait encore M. de Pelleport-Burette ; mais M. de Pelleport-Burette n'en était que le chef nominal, usé, déjà vacillant du vertige de sa chute prochaine. M. de Pelleport-Burette représentait le passé. L'avenir... vous savez son nom... M. David Raynal était mieux que l'avenir ; il était déjà le présent ; au conseil siégeaient ses fidèles ; le pouvoir lui appartenait. C'était le conseil des *Pavés de Quénast ;* ce fut le conseil de la *Société du gaz*. Il était issu du *Cercle National :* c'est dire que la composition en était irréprochable !.. (Rires.)

Le *Cercle National* vous est bien connu, Messieurs ; ce n'est pas moi, un Parisien, qui aurait l'audace d'apprendre à des Bordelais le rôle qu'il joue dans leur histoire !.. Le *Cercle National* est le centre des opérations de M. Raynal ; c'est l'état-major de son armée politique ; c'est le sanctuaire où s'élabore sa pensée, où on lui donne sa forme définitive ; c'est sa petite *Ligue des Patriotes*. (Bruyante hilarité.) Il est préposé au service des manifestations.. (Rires.) Seulement elles ne sont pas publiques, la méthode opportuniste n'étant pas le *plein-air* !.. Voilà la différence ; voici maintenant la ressemblance, elle est frappante : le *Cercle*, comme la *Ligue*, est passé maître en matière d'élections. (Hilarité.) Le conseil municipal qui nous occupe était un de ses chefs-d'œuvre... vivante image de son père dont il fut le fils dévoué !.. C'est un des plus curieux phénomènes d'atavisme que l'on puisse observer !... On en avait écarté avec soin tous les éléments impurs : celui-ci, parce qu'il était trop vieux, celui-là parce qu'il était trop jeune, un troisième parce qu'il était malade ! Et vous devinez qu'aucun des candidats malades, trop jeunes ou trop vieux, n'appartenait au *Cercle National!* C'est à cette épuration préparatoire et préventive que se rattache la bonne farce jouée à M. Delboy... la bête noire de M. Raynal ! (Hilarité.) M. Delboy posait sa candidature : un coreligionnaire et ami de son ennemi M. Raynal va aussitôt le trouver et lui tient le petit *speech* suivant : « Mon cher M. Delboy, vous êtes un brave homme ; quand on est un brave homme, on est un bon citoyen ; quand on est un bon citoyen, on est un bon républicain et, quand on est républicain, on n'est pas un cumulard. Vous faites déjà partie du conseil général ; vous voudriez faire partie du conseil municipal ? Votre prétention est contraire à nos principes ; renoncez-y. *Non bis in idem.* » Le bon M. Delboy ne vit pas la ficelle ; il renonça. C'était un gêneur de moins et une place vacante : le piquant de la chose serait qu'elle eût été prise par cette fleur de cumul qui trouva le moyen d'être à la fois conseiller municipal, conseiller général, maire, sénateur, et, par-dessus le marché, dévoué à

M. Raynal ! C'est à cette assemblée ainsi triée sur le volet que MM. Oppenheim et consorts exprimèrent leur désir. Un rapport favorable à sa réalisation fut présenté par un autre coreligionnaire de M. Raynal, un de ses fidèles, membre influent du *Cercle National*, M. Min-Barabraham — un nom aux sonorités étranges, exotiques, qui me fait malgré moi songer aux Mille et une Nuits ! (Rires.) L'auditoire fut séduit. On éleva bien quelques difficultés ; on objecta notamment que les successeurs de « la Continentale » lui devaient le remboursement de la canalisation, que les experts en avaient fixé le chiffre à quatre millions, et que ce chiffre serait peut-être imparfaitement garanti par un capital de trois millions. Mais on répliqua victorieusement que les quarante millions de « la Financière » seraient solidaires des trois millions de la nouvelle société. Là-dessus on s'inclina.... Bientôt après, on apprit que « la Financière » avait disparu de ce monde, étant morte des suites de quelque grosse indigestion... (Rires.) Peu importait d'ailleurs : la véritable garantie n'était-elle point l'appui de la personnalité dont l'alliance devait être plus efficace et plus féconde qu'un capital de trois et même de quarante millions ? A Bordeaux, le monde des affaires et de la politique en resta persuadé, et, si M. Savine s'est trompé, il aura, quoi qu'il arrive, la grande consolation de s'être trompé en bonne et nombreuse compagnie. Voici à cet égard le plus précis des témoignages ; il est né d'une polémique étrangère à notre objet, par suite il ne se ressent pas des ardeurs de la polémique et il s'exprime en des termes qui ne laissent aucun doute sur son exactitude et son absolue sincérité.

Dans les derniers mois de 1875 ou les premiers de 1876, l'administration municipale, alors celle de M. Fourcand, par une négligence incroyable, par une de ces fautes lourdes que la loi civile, plus sévère, paraît-il, sur ce point que la loi pénale, assimile au dol, laissa surprendre sa signature, et grâce à une complaisance demeurée inexplicable et inexpliquée, la *Société du gaz*, à la naissance de laquelle vous venez d'assister, et qui témoignait de la vitalité de sa jeunesse par la vigueur de son appétit, put imposer à ses clients une police nouvelle qui les grevait d'une surtaxe de 4 millions 231,000 francs. (Mouvement.) Cette surtaxe, qui se passe de qualificatif, est restée célèbre dans vos annales sous le nom d'*impôt Fourcand*. Je vous laisse à penser si des réclamations indignées s'élevèrent de toute la ville. Ce fut un *tolle* général. Un journal courageux, un journal royaliste, — M. l'avocat général l'a rappelé et je l'en remercie — se fit l'organe de ces réclamations; il leur ouvrit ses colonnes; l'énergie de sa campagne finit par émouvoir l'étrange administration chargée à cette époque de votre prospérité, et les coupables, poursuivis sans relâche, harcelés, couverts d'imprécations et de sarcasmes, par une population entière traitée comme taillable et corvéable à merci, allèrent s'agenouiller devant la Compagnie terrible qui à la longue mit les pouces et voulut bien, dans sa modération olympienne, accorder quelque allègement.

Ce fut le 26 juin 1876 que *la Province* livra sa première bataille, et je détache de son article spirituel et mordant la dernière page, la seule qui concerne l'objet de ma discussion. Elle implore le secours de tous ceux qui peuvent s'interposer utilement pour mettre un terme à une situation intolérable :

Il faut cependant, dit-elle, que cette situation alarmante pour les intérêts particuliers soit tranchée. Il ne faut pas se lasser de réclamer l'intervention de l'administration supérieure, et M. Decrais qui a, paraît-il, à se défendre en ce moment contre M. Fourcand, pourrait trouver dans cette question l'occasion d'une revanche opportune. Mais il faut solliciter aussi le concours des élus de la cité à quelque titre qu'ils l'aient été ; nous ne comprendrions pas, en effet, que les membres du conseil général et du conseil d'arrondissement de la ville ne puisent pas dans leur mandat le droit d'exprimer, avec plus d'indépendance peut-être que les conseillers municipaux, les justes plaintes de la population.

M. Raynal, conseiller général, qui est familier avec ces ques-

tions, nous paraît en très bonne situation pour nous assurer une solution équitable. Si nos renseignements sont exacts, il est l'entrepositaire des charbons de la Compagnie; nous ne doutons pas qu'il ne sache concilier cette double qualité et qu'il ne mette au service des intérêts bordelais qu'il représente l'influence que lui donne son titre d'agent de la Compagnie qui vient de porter à ces mêmes intérêts de si sérieuses atteintes.

Vous le voyez, en ce temps-là, M. Raynal était l'*agent* de la Compagnie du gaz, et *la Province*, dans une invocation à sa toute-puissance incontestée, lui exprime respectueusement l'espoir que ce titre ne l'empêchera pas de protéger son peuple contre d'iniques exactions !...

M. Raynal. — Lisez ma réponse.

Mᵉ de Saint-Auban. — C'est bien mon intention, monsieur. J'allais le faire. Voici la réponse de M. Raynal :

Bordeaux, 26 juin 1876.

Absent depuis deux jours, on me communique les articles de votre journal sur la question du gaz où mon nom intervient d'une façon si inattendue.

Comme conseiller général, je cherche à étudier toutes les questions — et elles sont nombreuses — qui se débattent devant l'assemblée départementale ; mais je m'abstiens d'intervenir dans les questions purement municipales. Je n'ai donc pas plus à m'occuper de la police d'abonnement du Gaz de Bordeaux que mon honorable collègue, M. Lesca, conseiller général du canton de la Teste, n'aurait à le faire pou. le Gaz d'Arcachon, par exemple.

Il est vrai que vous ajoutez que je suis entrepositaire des charbons de la Compagnie du gaz de Bordeaux. Vos renseignements de ce côté sont inexacts. Je ne suis pas entrepositaire des charbons de la Compagnie. Je ne suis pas l'agent de la Compagnie à Bordeaux. Je ne connais pas la police d'abonnement et je ne chercherai pas à la connaître, laissant aux conseillers municipaux le soin de défendre les intérêts de la ville, intérêts qui ne peuvent être, suivant moi, en de meilleures mains.

Agréez, etc.

David Raynal,
Conseiller général.

La Province fait suivre la publication de cette lettre de ce commentaire ironique :

Avez-vous remarqué dans la lettre de M. Raynal cette phrase ? « Je ne connais pas la police d'abonnement et je ne chercherai pas à « la connaître. » M. Raynal userait-il du pétrole qu'il se désintéresse ainsi de l'éclairage au gaz ? *Ou bien serait-ce que M. Raynal est dans une situation qui lui permet de dédaigner de si infimes dépenses ? Nous ne savions pas M. Raynal si grand seigneur !*

Il fallait, en effet, *ne pas connaître la police d'abonnement,* il fallait même être bien décidé à ne pas la connaître pour hasarder cette proposition audacieuse que « vos intérêts ne pouvaient être en des mains meilleures que celles de l'administration Fourcand » !

Quant à la prétention de ne pas être l'agent de la Compagnie, voici la réplique de *la Province ;* elle est datée du 30 juin 1876 ; elle va nous édifier sur le point que nous recherchons :

Nous avons publié hier la lettre par laquelle M. Raynal nous écrit qu'il n'est pas entrepositaire des charbons de la Compagnie — qu'il n'est point son agent — et qu'en sa qualité de conseiller général, il n'a pas le droit de se mêler des affaires municipales.

M. Raynal s'étonne que son nom intervienne dans la question du Gaz ; *cet étonnement, nous pouvons lui en donner l'assurance, ne sera pas partagé par l'opinion à Bordeaux ;* il faut qu'il s'y résigne, mais *son nom a été et restera mêlé à cette question-là.* Il ne nous paraît pas, en effet, que M. Raynal se rende un compte exact de l'importance qu'on lui attribue. On le sait très versé dans les affaires de ce genre, enclin à s'y intéresser, très engagé dans toutes les questions d'intérêt public, ambitieux, il l'a prouvé et préoccupé de justifier son ambition ; enfin *membre très important d'un cercle très important, d'un cercle qui est un parlement municipal au petit pied.*

Ecoutez ceci, Messieurs, c'est le passage capital :

Quand il s'est agi d'autoriser la Financière *à céder l'affaire à une Compagnie d'exploitation, quand il a fallu, sur ce point, obtenir un vote favorable du Conseil municipal, M. Raynal et les siens s'y sont employés efficacement*, et il faut bien dire qu'administrativement cette solution était souhaitable. M. Raynal a fait en cela acte de citoyen désintéressé, et la pensée qu'il ait jamais pu en tirer profit est à coup sûr bien loin de notre esprit. Seulement, et c'est là ce qui contribue à lui donner de l'impor tance, *à la suite de cette cession et quand la Compagnie d'exploitation a été organisée, M. Raynal, disions-nous, est devenu entrepositaire des charbons ; il nie le fait, il a raison. Il n'est pas entrepositaire, soit, mais il transporte de Newcastle à Bordeaux, sur des navires affrétés par lui, les charbons de la Compagnie.* Nous avons pu nous tromper sur le caractère du contrat, mais le lien existe et cela nous suffit.

Il nous semble donc qu'à tous les points de vue, nous avions raison de dire que les particuliers, indignement trahis par l'administration Fourcand, feraient sagement de s'adresser à M. Raynal, qui est leur conseiller général, qui a été leur candidat pour la députation, *qui s'est très utilement employé pour aplanir les difficultés que rencontrait l'établissement de la Nouvelle Compagnie, et qui est enfin l'entrepreneur — nous ne disons plus l'entrepositaire — du transport des charbons de la Compagnie du gaz,*

M. Raynal nous apprend que la question du gaz est une question municipale dans laquelle le conseil général n'a rien à voir. Nous le savions déjà, et nous aimons à trouver dans le représentant du radicalisme bordelais ce scrupuleux respect des attributions de l'assemblée départementale ; nous l'y ramènerions au besoin. Mais M. Raynal eût agi plus prudemment en ne nous prêtant pas un langage que nous n'avons pas tenu.

Nous n'avons jamais dit que la question du gaz rentrait dans la compétence légale de M. Raynal : nous avons dit que le mandat qu'il avait reçu établissait entre ses électeurs et lui des relations étroites dans lesquelles il devait puiser le droit d'intervenir. N'est-il donc jamais arrivé à M. Raynal de suivre, dans l'intérêt de ses électeurs, des affaires qui n'avaient aucun caractère départemental ? *Le Conseil général n'est pas chargé, que nous sachions, de nommer les maires, et cependant M. Raynal assiège le cabinet de M. Decrais pour obtenir la nomination du maire de Cauderan.* Est-ce par hasard comme membre du Cercle National ou comme négociant qu'il intervient ? Pas le moins du monde. C'est comme conseiller général qu'il parle, c'est à titre d'élu du canton qu'il se fait l'avocat de ces populations dans des matières où cependant le conseiller général n'a légalement rien à voir.

Eh bien ! les deux tiers des électeurs de M. Raynal au moins vont être frappés d'une taxe arbitraire, odieusement jugulés par l'autorisation de M. Fourcand, et quand ils s'adressent à leur conseiller général, celui-ci les renvoie à la loi organique des conseils généraux et leur dit : « Ce n'est pas de ma compétence ! »

Eh! vous inquiétiez-vous de votre compétence, Monsieur Raynal, quand vous employiez si utilement votre influence auprès de vos amis du Conseil municipal pour leur faire accepter la cession de l'exploitation, quand vous vous pavaniez de ce beau résultat et quand, vous rengorgeant dans votre importance, vous disiez ou vous écriviez : « C'est a nous qu'on le doit ! » Allons ! ne vous faites pas si impassible, si indifférent, si inabordable pour les électeurs qui crient vers vous. Prenez-y garde, les hommes de votre origine et de votre parti ne dédaignent pas d'ordinaire les questions qui intéressent de nombreux citoyens dont vous avez à cœur de conserver la bienveillance. Vous aurez beau parler de votre incompétence, on ne vous croira pas ; vous aurez beau dire que vous vous désintéressez de cette question, *on ne croira pas à votre désintéressement.*

Vous avez un moyen bien simple pour concilier vos devoirs avec le respect des limites de vos attributions. Par une lettre nette et précise, donnez votre opinion sur les réclamations de vos concitoyens ; votre parole a du prix et nous ne doutons pas qu'elle contribue puissamment à nous faire rendre justice.

M. RAYNAL. — Mais lisez ma deuxième lettre.

M^e DE SAINT-AUBAN. — Je n'aurai garde d'y manquer ; car c'est l'unique moyen de lire à MM. les Jurés la deuxième réplique de *la Province* qui complète ma démonstration. Voici donc la deuxième lettre de M. Raynal :

Bordeaux, 28 *juin* 1876.

Monsieur le Rédacteur,

Hier je vous écrivais pour repousser vos critiques, aujourd'hui je prends la plume pour repousser vos éloges.

Je ne mérite nullement le compliment que vous m'adressez à

propos de la substitution de la Compagnie actuelle à la Société Financière, et cela, par la raison toute simple que je ne me suis pas plus occupé que vous, Monsieur le Rédacteur, de cette cession.

Je n'ai fait aucune démarche, je n'ai pas adressé un mot à ce sujet ni au maire, ni aux adjoints, ni à aucun des conseillers municipaux.

Si bien que, lorsque vous prétendez que je me suis « pavané » du vote du conseil, je suis obligé d'opposer à cette allégation la plus énergique dénégation. Je comprends très bien qu'il serait commode, pour votre thèse, de prouver que je suis intervenu dans cette affaire à un titre et à un moment quelconque ; mais comme il n'en est rien, il faut bien reconnaître que sur tous ces points, vos renseignements sont complètement erronés.

Il en résulte que ne m'étant mêlé en rien de l'affaire du gaz ni à l'origine, ni après la constitution de la Compagnie actuelle ; que, n'étant pas l'agent de la Compagnie ; qu'ayant été étranger à toute négociation avec la ville, vous trouverez bon que, malgré vos incitations, je reste, comme par le passé, complètement neutre et désintéressé. Si j'étais aussi présomptueux que vous avez bien voulu l'affirmer pendant la dernière période électorale, je pourrais peut-être me trouver flatté de l'importance que vous voulez bien m'attribuer. Rassurez-vous, Monsieur le Rédacteur, j'ai assez de bon sens pour savoir que le public se soucie fort peu de mon opinion dans une question qui ne me concerne pas et que je n'ai pas étudiée. Je reste bien convaincu que, malgré vos efforts et votre désir, mon nom ne restera en rien attaché à la question du gaz.

Quant aux électeurs qui m'ont honoré de leurs suffrages, j'ai depuis longtemps, l'habitude de leur rendre compte de l'exercice de mon mandat. Je suis avec eux en communication constante. Je ne crois pas qu'ils aient jamais recours à votre feuille comme intermédiaire entre eux et moi, et peut-être ai-je le droit de dire que vous n'avez pas qualité pour parler en leur nom.

Il est heureux que vous reconnaissiez que, comme conseiller général, je n'ai pas à intervenir dans une affaire purement municipale ; mais vous demandez alors pourquoi je me suis ingéré dans la question de nomination des maires, et notamment du maire de Caudéran. La réponse est facile : la question des maires est, il me semble, au plus haut chef, d'intérêt départemental. De tout temps les conseillers généraux se sont toujours occupés du choix des maires, surtout dans leur canton. Or, la commune de Caudéran vote avec le 2ᵉ canton. J'en suis le conseiller général et c'était mon droit et mon devoir d'être l'organe des électeurs et des élus de Caudéran dans leur légitime revendication.

Les électeurs républicains de Bordeaux ont le bonheur d'avoir des députés, des conseillers généraux et des conseillers municipaux républicains. Ils trouvent dès lors très simple et très logique de ne s'adresser à leurs mandataires que pour les questions se trouvant dans leurs attributions immédiates. Ils continueront donc à me demander d'intervenir dans les questions départementales et s'adresseront exclusivement aux conseillers municipaux pour les affaires purement municipales. Il est charitable, de ma part, de vous avertir que vous prêchez dans le désert en leur conseillant de changer de tactique.

Recevez, Monsieur le Rédacteur, mes salutations empressées.

D. RAYNAL,
Conseiller général.

Voici la réplique de « la Province » à la deuxième lettre de M. Raynal :

On comprend que, si nous persistions à opposer nos informations aux dénégations de M. Raynal, cela pourrait aller loin et durer longtemps. M. Raynal ne veut point de la gloire que nous lui ménagions. Dans sa modestie, il déclare qu'il n'a été pour rien dans le vote du conseil municipal qui a sanctionné la substitution de la Compagnie actuelle à la Financière.

On nous assure qu'il n'était point si modeste il y a un an environ ; mais enfin, il n'est jamais trop tard pour plier son orgueil au sentiment plus exact de son importance. M. Raynal nous avait dit aussi qu'il n'était ni l'entrepositaire, ni l'agent de la Compagnie. *Nous lui avons rappelé qu'il avait traité avec la Compagnie pour transporter tous ses charbons, et il paraît que ce traité n'a rien dont M. Raynal ait à se plaindre.* On voit par cet exemple sur quelles subtilités reposent les rectifications de M. Raynal.

Mais qu'importe après tout ? L'impression générale qui se dégage de cette lettre domine toutes ces questions secondaires. — M. Raynal, citoyen important, négociant occupé, conseiller général d'un canton de Bordeaux, candidat à la députation, déclare que tout

ce qui se passe à Bordeaux lui est absolument indifférent ; que ses
électeurs et ses concitoyens jugulés n'ont pas à s'adresser à lui
puisqu'ils sont jugulés municipalement ; de la Compagnie du gaz
M. Raynal ne connaît que les charbons qu'il transporte, et ces
charbons n'ont rien de départemental ; la police qui essaie de
frapper les particuliers d'un impôt vexatoire, il ne l'a point lue et
ne la veut point lire ; toutes les exactions, toutes les usurpations
toutes les spoliations, si elles sont municipales, ne sauraient
troubler la sérénité de son incompétence. — M. Raynal nous défie
de l'en faire sortir. Nous nous déclarons vaincus. — *M. Rayna*
ne se mêlera pas de la question du gaz. Nous le savions bien
et s'il veut toute notre pensée, nous n'avons jamais eu d'autre
but que de le lui faire dire.

La Province a raison de se déclarer vaincue ; M. Rayna
ne se mêlera pas de la question du gaz ; son parti pris est
invincible ; vous savez les motifs qu'il invoque : examinons-en
la valeur. *La Province* a dit dans son premier article
M. Raynal est l'agent de la société du gaz puisqu'il est l'entrepositaire de ses charbons. Lui en fait-elle un crime ? Pas
le moins du monde. Pas la moindre arrière-pensée dans cette
constatation. Il est tout naturel que M. Raynal s'adonne au
commerce puisqu'il est commerçant. Mais ce commerçant
est aussi conseiller général. Situation délicate : le commerçant doit servir les intérêts de la Compagnie ; le conseiller
général doit écouter les plaintes d'une ville — sa ville —
exploitée sans vergogne par ladite Compagnie. De là conflit
où l'amour du négoce le dispute au devoir civique. C'est une
belle occasion de placer son mandat électif plus haut que
ses bénéfices et de se montrer vraiment digne du choix
d'une grande cité. La conduite à tenir est des plus simples
elle est tracée d'avance ; *la Province* l'indique d'un mot
« Par une lettre nette et précise donner son opinion sur les
réclamations de ses concitoyens. » Cette opinion respectée
avancera mieux les affaires que toutes les pétitions et toutes
les polémiques. M. Raynal n'a qu'à parler. Mais M. Raynal ne
parle pas ; s'il prend la plume, c'est pour annoncer son ferme

dessein de se taire : « D'abord, je ne suis pas l'agent de la Compagnie, s'écrie-t-il, je n'ai jamais été son entrepositaire ; ensuite, comme conseiller général, cela ne me regarde pas ! »

A quoi *la Province* répond : « Vous n'êtes pas *l'entrepositaire des charbons de la compagnie*, soit ; mais vous êtes *l'entrepreneur du transport de ces charbons ;* or, le mot *agent* est un terme générique assez vaste pour comprendre à la fois *l'entrepositaire* et *l'entrepreneur.* » — Dans cette chicane de mots, dites-moi, je vous prie, Messieurs, de quel côté est la bonne foi ? Quel est donc à cette heure le point intéressant ? Est-ce la nature précise du contrat qui lie M. Raynal à la Compagnie ? Il est malaisé de la connaître, puisque le contrat nous est caché. N'est-ce pas plutôt de savoir si, d'une façon quelconque, M. Raynal est partie intéressée au débat ? Peu importe à ce point de vue qu'il soit ou ne soit pas *stricto sensu* le préposé de la Compagnie, son serviteur, son fonctionnaire ; il suffit qu'il en dépende ; et il en dépend dès qu'il a été chargé par elle d'un service assez fructueux qu'elle pourrait lui enlever pour en charger un autre si fantaisie lui en prenait. Oui ou non, M. Raynal transporte-t-il sur des vaisseaux frétés par lui des charbons anglais pour la Société du gaz ? Oui ou non, trouve-t-il son compte à ce transport ? Sur l'un et l'autre point, tout le monde répondra : Oui. A quelle époque est-il devenu concessionnaire de ce transport ? Quelques mois après la constitution de la société, dit *la Province ;* M. Oppenheim précise et dit : Un mois et demi après. Il doit être bien renseigné ; tenons sa date pour certaine. La constitution de la société remonte au 7 septembre 1875 ; au milieu du mois de novembre de la même année, M. Raynal transportait donc les charbons de la Compagnie ; à plus forte raison les transportait-il le 26 juin 1876, lorsqu'il écrivait en toutes lettres : « Je ne suis ni *l'entrepositaire*, ni *l'agent* de la compagnie. » Non, M. Raynal n'est pas *entrepositaire ;* je lui en donne acte ; il n'est qu'*entrepreneur ;* non, il n'est pas *l'agent* de la compagnie ; le mot le blesse, je le retire ; il est son *homme !...* Vous cher-

cherez, Messieurs, la différence et vous demanderez avec
la Province sur quelles subtiles nuances reposent les rectifications de M. Raynal.

— Mais, poursuit ce dernier, je suis conseiller général, je
ne suis pas conseiller municipal ; mon mandat n'a rien de
commun avec la question du gaz. Profondément respectueux
des actes municipaux, je me renferme dans les limites de
mes attributions et me déclare incompétent !

— Ah ! monsieur Raynal, riposte *la Province*, vous n'avez
pas toujours été si chatouilleux sur les principes ! Sans
parler du concours que vous prêtez à la nomination ou à la
destitution des maires, rappelez-vous l'histoire de la fondation de la société : alors la question du gaz ne vous était pas
étrangère. Car mieux que personne vous avez contribué à la
résoudre par l'utile emploi de votre influence auprès du
conseil municipal. D'où vous vient cet accès subit de respect
pour la séparation des pouvoirs ?

Ce coup droit porte ; M. Raynal le sent ; aussi sa modestie
en oublie-t-elle les services qu'il a rendus :

— Je repousse votre éloge, je ne le mérite pas, s'écrie-t-il.

— Ce n'était pas votre avis l'année dernière, reprend son
interlocutrice, lorsque vous vous vantiez d'avoir fait accepter
pas vos amis la cession de l'exploitation et que vous vous
pavaniez de ce résultat, disant à qui voulait l'entendre :
C'est à nous qu'on le doit !

Remarquez, Messieurs, je vous prie, que *la Province*
n'y met point d'ironie. La conversation devient aigre-douce
parce que M. Raynal y apporte des nerfs ; mais elle avait
commencé sur un ton tout différent. Ce n'est pas à M. Raynal que *la Province* en *veut* au début ; c'est à l'administration Fourcand contre laquelle, au contraire, elle invoque
M. Raynal. La cession de l'exploitation par « la Financière »
ne lui paraît pas une chose funeste ; bien loin de le blâmer,
elle applaudit à ce résultat : administrativement parlant, il
était à ses yeux souhaitable ; M. de Pelleport-Burette ne l'a
pas combattu ; on s'en est bien aperçu à sa déposition. Le

compliment du journaliste n'est donc pas une embûche perfide tendue par l'animosité à un adversaire politique ; c'est une constatation matérielle, un simple hommage que l'évidence et la voix publique obligent de rendre à un ennemi. En toute autre circonstance, M. Raynal eût provoqué cet hommage ; mais ici l'hommage le gêne ; il contrarie son attitude ; il gâte l'abstention qu'il colore des teintes de la légalité ; et alors il le répudie. Par malheur, M. Raynal a la négation facile : n'a-t-il pas aussi nié que son négoce retirât quelque profit de la Société du gaz ? Sa parole était en défaut ; et la fausseté d'un de ses dires suffit à rendre les autres quelque peu suspects. Il y a dans la vie de M. Raynal d'autres écarts de mémoire : un jour, on fait allusion à certaine compagnie dont il fut administrateur ; lui, aussitôt, de jurer ses grands dieux qu'il n'est l'administrateur d'aucune compagnie... On lui place sous les yeux un titre qu'il a signé de son nom en qualité d'administrateur !... Si M. Raynal avait fait ce procès en 1876, qui sait ce que les prévenus d'alors lui eussent placé sous les yeux ?

Il est en tout cas une démonstration qu'ils auraient faite : celle de l'étrangeté du silence dont M. Raynal s'enveloppait. Jamais meilleure occasion ne se présenta de le rompre. Vous savez l'odieuse exaction dont la ville était victime ; elle se trouvait redevable à l'administration Fourcand d'une surtaxe annuelle de 4 millions 231,000 francs ! Comment s'établit cet impôt d'un nouveau genre ? En quoi consistait son rouage, son mécanisme ? A qui en remontait la responsabilité ? Voici un document qui vous édifiera ; c'est un extrait de cet article du 26 juin 1876 qui découvrit le pot-aux-roses et révéla aux Bordelais les moindres détails de l'expérience dont on les faisait l'objet :

Les droits de la ville et des particuliers étaient fixés ; un long procès venait d'arrêter le prix du matériel que la nouvelle compagnie devait payer à la Continentale. Tout cela était clair et net comme de l'eau de roche.

Mais M. Fourcand arrive au pouvoir, aggravé de M. Villette. On ne connaît pas assez M. Villette. On croit généralement que c'est une nullité simple. Hélas! s'il n'était que cela! Mais c'est une nullité compliquée, affairée et agissante. Partout où on le met il faut qu'il se développe et se déploie et malheur alors aux affaires qui tombent sous sa main. La question était enfantine; il était évident qu'en assurant aux particuliers le gaz à 22 centimes le mètre cube, l'administration Pelleport avait entendu qu'on ne pourrait pas, par des moyens détournés, le faire payer plus cher.

La compagnie d'exploitation, car il ne s'agit plus ici de la Financière, la compagnie, accablée par la lourde charge que fait peser sur elle le prix très élevé du matériel, a dû se dire alors : Nous avons à la tête de l'administration municipale des hommes dont la nullité dépasse toutes nos espérances ; rien n'est plus facile que de regagner par des frais accessoires que l'administration mun'cipale a le droit de fixer, ce que nous perdons sur tout le reste.

La Compagnie présenta un nouveau tarif pour les compteurs et les branchements. Ce tarif était habilement combiné pour voiler les accroissements de prix. La progression est irrégulière et déroute tout examen. Les prix de la Continentale, pour certains compteurs, sont abaissés ; d'autres sont élevés, au contraire; c'est un simple remaniement. M. Villette, dont la majesté creuse a toujours peur de ne point saisir assez vite les questions qu'on lui expose, donna son assentiment. Il négligea seulement de lire le tarif. Nous aimons à le penser pour sa gloire.

Qu'y aurait-il vu ?

Le compteur de 200 becs est abaissé, en effet, de 200 à 144 francs, te compteur de 300 becs de 300 à 192 francs. C'est le trompe-l'œil et nous ne connaissons que les réunions publiques et les comités électoraux qui bénéficient de cet abaissement.

Il n'y a, en effet, dans Bordeaux que 17 compteurs à 500 becs et 6 à 300.

Mais le compteur à 3 becs monte de 5 à 12 francs et il y en a 3,000 !

Le compteur de 5 becs, de 5 à 18 francs, et il y en à 1,500.

Le compteur de 10 becs, de 10 à 21 francs et ainsi de suite.

Voilà ce que M. Villette n'a point lu, et voilà en quelles mains la République nous a fait choir.

De même, on dit à M. Villette : la Continentale faisait payer en une fois un prix important pour les branchements ; nous préférons diminuer le prix et le transformer en une location modeste que le particulier paiera sans s'en douter, et M. Villette, qui flaire un progrès démocratique sous cet énoncé, s'applaudit de cette innovation. Il oublie seulement de regarder les prix.

La Continentale prenait 20 francs une fois payés ; la nouvelle compagnie ne prendra que 12 francs. Oui ! mais c'est annuellement ! Sans renoncer pour cela à percevoir 10 francs pour la pose.

Enfin, et c'est ici que M. Villette sent qu'il pénètre dans les arcanes de la science gazière. On lui dit : Il faut cependant tracer la limite des obligations de la compagnie et des droits des particuliers.

Nous demandons équitablement que les particuliers n'aient recours contre la compagnie que si le pouvoir éclairant est diminué de plus d'un dixième. M. Villette, qui est indulgent pour les diminutions de ce genre, trouve cela parfait et voilà du coup les particuliers qui pourront être obligés, sans se plaindre d'augmenter d'un dixième leur consommation de gaz.

Et tout cela est approuvé ! Et savez-vous ce que cela va coûter aux particuliers ?

En portant à une moyenne de 7,000 les compteurs qui sont actuellement 6,477, vous avez d'abord 84,000 francs par an pour les branchements, soit pour vingt-huit ans et six mois, 2 millions 394,000 francs, et pour les compteurs 1 million 857,081 francs, soit 4 millions 231,081 francs.

Sans compter le bénéfice résultant de la latitude laissée à la compagnie pour la diminution du pouvoir éclairant de son gaz.

Et voilà comment la compagnie va faire payer aux particuliers le prix du matériel de la Continentale. Et cela, grâce à la frivole négligence de M. Fourcand, à l'étourderie de M. Villette et à l'incapacité de tous les autres !

La *Gironde*, émue, en a appelé à l'administration plus éclairée. Le trait est joli. L'administration plus éclairée, elle la cherchera longtemps. La vérité, c'est que l'administration municipale, épouvantée par le mouvement de l'opinion, cherche à ressaisir son approbation et que la compagnie ne la veut point lâcher. M. Villette s'est trompé, une petite erreur de 4 millions 231,000 francs, le pauvre homme !

Et l'on nous disait l'autre jour qu'il allait être décoré !

Il m'est pénible, croyez-le bien, Messieurs, de rappeler à cette barre les insinuations et les sarcasmes dont M. Villette fut alors le point de mire. La présence de ce vieillard courbé par l'âge est pour moi un péril dont je ne me dissimule pas la gravité. Je voudrais pouvoir me taire... Le puis-je, Messieurs ? Ah ! certes, je n'accuse pas M. Villette.; mais je défends M. Savine, et comment défendre M. Savine sans montrer les origines du livre qu'il a édité ? Quand M. Savine, sous l'empire des sentiments que vous savez, s'est chargé de la publication de ce livre, il n'avait pas vu les cheveux blancs de M. Villette ; il ne voyait que cet amas de pièces que j'ai là sous les yeux, et ce qu'on lit dans cet amas de pièces, vous venez d'en entendre un échantillon ; vous pourriez en entendre bien d'autres... Attaques cruelles, exagérées par l'esprit de parti... Soit, je n'aborde pas ce chapitre et je supplie mon éminent confrère, Mᵉ Habasque, de croire que, si je les rappelle, je ne me les approprie en aucune manière et n'ai d'autre but que d'en laisser responsables les seuls qui doivent en répondre, puisque seuls ils en sont les auteurs.

Oui, M. Villette fut alors violemment soupçonné par la foule ; un témoin est venu le dire...

Mᵉ Habasque. — Quel est ce témoin ?

Mᵉ de Saint-Auban. — M. Barbe, un homme modeste, un homme du peuple, qui n'est pas décoré, qui n'est pas fonctionnaire et qui n'est pas riche, mais qui, bien que dépourvu de ces trois qualités, a le droit d'être cru, lui aussi, quand sous la foi du serment il certifie un fait matériel. Eh bien ! il vous affirme que dans les réunions publiques, dans les clubs populaires, on désignait M. Villette comme le signataire de la police et l'on attribuait à cette signature des causes regrettables. L'exemple venait de plus haut ; les polémiques en font foi :

« Nous demandons que M. Fourcand soit rendu personnellement responsable, écrit un publiciste, et la garantie accessoire de M. Villette ne nous déplairait pas. »

M. Villette passait pour un spécialiste distingué ayant des connaissances techniques ; on l'avait même envoyé en mission extraordinaire dans les villes d'Allemagne pour y faire une étude pratique sur l'éclairage au gaz ; il semblait donc impossible qu'il fût resté étranger à l'aventure des branchements :

« Va-t-on faire connaître, écrivait à ce sujet un Bordelais plus spirituel que charitable, va-t-on faire connaître à qui de droit les résultats avantageux du voyage à jamais célèbre à travers l'Allemagne de M. Villette, flanqué de M. Wolff pour interprète, afin... d'étudier l'importante question du gaz ? Allons-nous connaître les avantages retirés par... la municipalité de cette exploration mémorable ?

Au conseil municipal, c'est M. Villette qu'on interpelle et on le fait en termes tels qu'on n'ose les reproduire dans le procès-verbal de la séance :

« Nous reprochions l'autre jour à M. Jouffre, qui est un maître dans l'art de l'interpellation, de n'avoir pas interpellé l'administration. Nous étions injustes, nous assure-t-on ; *justement, M. Jouffre avait adressé à M. Villette, sur un ton qui manquait de courtoisie, mais non d'à-propos, une question que l'on s'est empressé de ne point insérer au procès-verbal.* Mais au nom du ciel, qu'y a-t-il donc dans cette affaire *que vous n'en vouliez point parler* et que vous ne supportiez pas que l'on vous interroge ? Vous auriez commis les plus noirs méfaits que vous ne seriez pas plus embarrassés dans votre attitude. Eh ! quoi, vous supprimez une interpellation ! Vous conférez dans l'ombre ! Au lieu de délibérer publiquement, vous imposez le silence absolu à tous vos journaux, et vous croyez que l'esprit ne va pas se mettre en campagne [1] ! »

L'esprit allait bon train, je vous assure. Il s'en donnait à cœur joie ; les lazzi ne tarissaient pas, ils tombaient dru comme grêle sur « ces spécialistes en gaz qui craignaient

[1] *La Province*, 3 juillet 1876.

tant la *lumière !* » On célèbre leur bienfaisante initiative dans de longs articles intitulés : « *Les compteurs et ceux qui ne comptent pas.* » Comme d'après la nouvelle police, les compteurs payaient d'autant moins cher qu'ils étaient à un plus grand nombre de becs, on les félicite d'avoir établi l'*impôt progressif à rebours*, et on leur demande s'ils n'ont pas eu l'idée d'inventer un *compteur à* 1,000 *becs* pour lui faire une réduction ! (Rires.)

On ne s'en tient pas aux lazzi ; la chose au fond était trop triste ; *la colère s'en mêle ;* les imputations se précisent et des insinuations sanglantes fustigent cette complaisance inouïe pour la Société chère à M. Raynal :

« Avec MM. Villette et Fourcand, écrit le journal *la Guienne*, le 19 juin 1876, on obtient tout ce qu'on désire et *même davantage.* Il n'y a pas d'épithète polie qui puisse qualifier la conduite de la nouvelle administration dans cette affaire. *Elle soulève une réprobation générale !...* »

Et, plus loin, la même feuille appelle l'attention du conseil municipal, « si cette assemblée n'est pas tout entière composée de *compères* » *!*

Ainsi, ce qu'on accuse, ce n'est plus seulement l'*étourderie*, la *monstrueuse incapacité* de ces hommes vis-à-vis desquels on se croit affranchi du respect, c'est leur complicité qu'on dénonce, c'est leur trahison qu'on flétrit : ils ont agi en pleine connaissance de cause, ils savaient à quoi s'en tenir ! Telle est la note générale.

« *La Province* » dans son numéro du 7 juillet 1876, est à cet égard d'une précision qui ne laisse rien à désirer :

Nous affirmons, dit-elle, — et ici nous prions le lecteur de bien peser toutes nos paroles — nous affirmons, de la manière la plus absolue, qu'à plusieurs reprises M. Wolff a appelé toute l'attention de M. Fourcand d'abord, de MM. Villette et Chevalier ensuite, sur les graves dangers qu'il y aurait pour la Ville à accepter les polices préméditées dès longtemps par la Compagnie du gaz, et dont, avec un à-propos qui sera certainement remarqué, l'apparition coïncide avec la nomination de la nouvelle municipalité.

Ces observations ont été faites et ces avertissements prodigués par M. Wolff à plusieurs reprises, nous le répétons, et,si la signature du sénateur inamovible, maire de Bordeaux, a été donnée, c'est malgré les avis réitérés de M. Wolff, directeur des travaux, qui dégageait entièrement ainsi sa responsabilité personnelle.

Nous affirmons que telle est la vérité, et nous maintiendrons l'exactitude de ces renseignements jusqu'à preuve du contraire, jusqu'à une dénégation écrite de M. Wolff ou de M. Fourcand.

Jusqu'à ce que nous ayons reçu ce démenti, que nous appelo s, que nous provoquons, — car il faut que la lumière soit complète et il ne dépendra pas de nous qu'elle ne le devienne, — nous ne permettrons à personne de déplacer aussi cavalièrement les responsabilités.

Celle de M. Wolff est à couvert. Celle de M. Fourcand, et de ses adjoints reste entière, et c'est eux, eux seuls qui doivent répondre de leurs actes devant le public.

On comprend, par là même, combien ces responsabilités s'aggravent. S'il est vrai que M. Wolff a averti M. Fourcand, averti M. Villette, averti M. Chevalier des perfidies des nouveaux tarifs ; s'il est vrai qu'il a dit à M. Fourcand d'abord, à MM. Villette et Chevalier ensuite : — Prenez garde, il y a là de sérieux dangers pour la Ville, une atteinte grave à de nombreux intérêts qu'il serait injuste de sacrifier ; — si M. Wolff leur a tenu ce langage, que faut-il penser de ce maire, de ces adjoints qui, ainsi prévenus, ainsi mis en défiance, n'ont pas craint de revêtir de leur approbation ces polices iniques ?

Il n'y aurait donc pas eu de surprise, comme on l'a dit ; il n'y aurait pas eu d'erreur, comme on l'a prétendu ! L'administration aurait donc été dûment et suffisamment informée, et *la Gironde* s'est donc moquée du public lorsqu'elle en appelait avec tant d'assurance « à la municipalité mieux éclairée ». Mais s'il n'y a eu ni surprise, ni inadvertance, ni erreur — une erreur de 4 millions 331,000 francs ! — *qu'y a-t-il donc eu ?*

M. Fourcand comprendra-t-il enfin que des explications catégoriques sont plus que jamais indispensables ; qu'il nous les faut sur l'heure, *et que son silence autoriserait toutes les suppositions, toutes les interprétations et tous les bruits que nous nous sommes efforcés de tenir à l'écart de ce débat.*

4.

Encore une fois, que M. Fourcand, que MM. Villette et Chevalier parlent et nous dévoilent la vérité, toute la vérité.

Parlez, mais parlez donc ! Tel est le cri universel. Mais on n'était pas bavard à cette époque dans le camp gouvernemental ; on avalait tout sans mot dire ; les explications publiques n'étaient pas à l'ordre du jour. On se contentait d'envoyer à Paris auprès de la Société du gaz, une ambassade avec mission d'en obtenir miséricorde, et une immense huée saluait « la scandaleuse attitude de ces conseillers municipaux, sénateurs, représentants du peuple qui, d'une signature, compromettent les intérêts d'une grande cité, de 400,000 citoyens et qui, sous le coup de l'indignation publique, vont supplier la Compagnie de renoncer aux avantages qu'eux-mêmes lui ont consentis ! » (*La Province*, 3 juillet 1876.) De retour, les ambassadeurs convoquent officiellement la municipalité pour lui faire le récit des négociations. Récit peu flatteur, semble-t-il ; car d'*officielle* qu'elle était, la séance devient *officieuse*, et le public est privé de ce régal littéraire :

« Le Conseil devait être convoqué officiellement, la *Gironde* l'avait annoncé ; mais un malin fait observer qu'il faudra dresser un procès-verbal et laver ainsi son linge en public. Aussitôt la convocation devient officieuse et, avec une légère modification dans la consonnance, vous évitez toute publicité imprudente. Ce n'est plus une délibération, c'est une consultation [1]. »

Telle est, Messieurs, l'édifiante histoire de cette fameuse police dite *des branchements* que M. Raynal *n'avait pas lue et qu'il ne voulait pas lire*. Vous connaissez, à présent, la question du gaz de Bordeaux. — Mais *la Province* l'a grossie, c'est « un journal royaliste », objecte M. l'avocat général. Erreur profonde : *la Province* suit l'opinion, elle ne la commande point. Je tiens une lettre émanée d'un *républicain*

[1] *La Province*, 3 juillet 1876.

radical — c'est la signature de l'auteur — qui pense tout à fait comme elle. Ecoutez :

> Monsieur le Rédacteur,
>
> Je ne partage pas les idées politiques de votre journal, je suis républicain et radical; mais je souscris des deux mains à ce que vous avez si justement dit sur l'imprévoyance et l'incapacité de la coterie qui administre la ville, sous le titre de Municipalité. Jamais on ne vit les intérêts des citoyens aussi légèrement sacrifiés et la chose publique livrée à de plus tristes mains, quoi qu'en dise M. Raynal, qui, sans doute, a de bonnes raisons pour se montrer si indulgent.
>
> C'est une honte pour le parti républicain que d'être représenté à l'Hôtel de Ville par des hommes dont la nullité vient de se manifester avec tant de scandale. C'est une humiliation qui rejaillit sur nous tous qui avons eu la naïveté de les prendre au sérieux et de les porter sur le pavois.
>
> Comme tant d'autres, qui aujourd'hui s'en mordent les doigts, j'ai, moi aussi, voté pour M. Fourcand, pour M. Villette, pour M. Faget et consorts ; il y avait là, sur cette liste, des hommes d'affaires dont on nous vantait la finesse, des magistrats, des avocats, des professeurs de faculté, des négociants importants que leur nom, leur position et le grand dévouement dont ils faisaient parade, recommandaient aux sympathies des électeurs. Nous acceptâmes des mains de *la Gironde*, cette liste de « millionnaires » qui n'ont pas même daigner donner un sou à la souscription des délégations ouvrières : des prétendus administrateurs qui n'ont réussi qu'à compromettre de la manière la plus grave et dans les affaires les plus louches, (traité Gautie par exemple) la situation financière de la ville, et à ravaler le parti républicain.
>
> Nous avons le droit d'être d'autant plus sévères que notre bonne foi était entière, et que notre confiance a été odieusement surprise.
>
> Aujourd'hui, en mon nom et au nom de plusieurs coreligionnaires, je viens protester avec indignation contre les actes d'une administration qui nous a déçus, qui a sacrifié nos droits, qui nous a mis sans défense, sans recours possible, à la merci d'un monopole écrasant. Nous répudions les républicains de la municipalité et du conseil comme incapables *sinon comme traitres aux intérêts de la ville et des citoyens.*

Incapables et nuls, c'est là leur excuse, et ils la font présenter humblement à la population par *la Gironde*, qui en « appelle de l'administration mal informée à l'administration plus éclairée ». — Mais quelle pitoyable excuse!

Il faut donc que nous entendions répéter sur tous les tons et cent fois par jour que les édiles nommés par nous ont donné le spectacle de la plus crasse ignorance, de l'impéritie la plus scandaleuse qui se soit jamais vue dans n'importe quel hameau de France.

Il faut que nous courbions la tête sous ces implacables et légitimes sévérités de l'opinion publique, et que nous soyons assourdi sans avoir le droit de nous recrier, *par la clameur populaire qui les condamne et les flétrit*!

Voilà l'ignominie qu'ils nous font subir. Et ils ne trouvent ni un mot pour se défendre, ni une raison quelconque pour se disculper. *Ils acceptent, silencieux, ces articles que vous leur assénez chaque jour et qui les écrasent!*

Ces hommes, dont quelques-uns sont des orateurs applaudis dans les réunions publiques, des écrivains pétris de prétentions, des économistes qui ont des chaires ou qui aspirent à en avoir, ces conseillers qui ont prôné si haut leurs merveilleuses aptitudes; ce maire, qui est sénateur; ces adjoints qui veulent être députés; tout ce monde d'ambitieux et d'intrigants, convaincus tout au moins d'ineptie, se dérobe à toute explication, à toute justification, et se refugie dans un mutisme douteux, qui est l'aveu éloquent de leur inqualifiable imprudence!

Que conclure, Monsieur le Rédacteur? Faut-il dire que le parti républicain a donné des preuves assez probantes de son ineptie pour qu'on lui retire un mandat qu'il a si pitoyablement rempli. Je présume que tel est votre avis. Moi, j'estime que le parti n'est pas tout entier, absolument solidaire des sottises de ses représentants, et je conclus à ce que s'ils ont encore quelque dignité, il s'en aillent, au plus vite, devant l'unanime reprobation qu'ils ont soulevée, pour faire place à un nouveau conseil et à une nouvelle municipalité.

Je crois que, plus circonspect cette fois et mieux instruit, le public bordelais saurait trouver des hommes plus dignes de sa confiance et incapable de la trahir.

Agréez, etc. *Un Républicain radical.*

Vous avez souligné au passage, Messieurs, le trait décoché

à M. Raynal. N'est-il pas plus vénéneux pour l'honneur d'un
homme que la prose de M. Numa Gilly, et le : *il a dû recevoir autre chose, mais il n'y a pas de preuve palpable, n'en parlons pas*, de *Mes Dossiers*, est-il aussi méchant que le :
M. Raynal qui, sans doute, a de BONNES RAISONS *pour se montrer si indulgent* de ce « républicain radical » ? Et que
M. Raynal ne dise pas qu'il n'a point lu cette lettre ; elle a
paru dans *la Province* que — ses rectifications le démontrent
— il suivait assidûment.

Ce morceau vous est-il suspect ? En voici un qui ne le sera
pas : c'est un extrait de *la Victoire*, un bon journal, celui-
là, puisque ce n'est pas moi qui l'ai communiqué, mais
l'adversaire qui me le communique (Rires)... pas M. Raynal,
je suppose, vous allez voir pourquoi. Après avoir déclaré que
« la question du gaz est véritablement la *question d'Orient*
de Bordeaux », *la Victoire* confesse que « cette affaire
préoccupe à bon droit et *surexcite au plus haut point* l'opinion locale », et que les feuilles de toutes nuances sont
unanimes à le constater, sauf *la Gironde*, qui ne le cons-
tate qu'avec une extrême réserve et pour ne pas avoir trop
l'air de faire bande à part. Au surplus, voici l'extrait :

La question du gaz, qui est véritablement la « question d'Orient »
de Bordeaux, après avoir subi une crise aiguë qui menaçait d'emporter le malade, est entrée depuis avant-hier dans la phase diplo-
matique.

Nous avons jusqu'aujourd'hui, quoique connaissant à fond, par
le gros et par le menu, cette triste affaire, gardé une réserve que
nous ne chercherons pas à excuser. Il nous paraissait, en effet,
que si un organe républicain avait qualité pour défendre l'administration contre les attaques violentes de *la Province*, c'était la
Gironde. Or, *la Gironde*, qui n'aime pas le combat, et qui, aux
jours de danger, se rappelle à propos que la modestie est une
vertu, *la Gironde* a, il faut bien le dire, observé dans cette affaire,
qui préoccupe à bon droit et surexcite au plus haut point l'opinion locale, une attitude embarrassée, vague, louche, tranchons
le mot, piteuse.

Elle a parlé un peu, de temps en temps, parce qu'elle ne pouvait absolument garder le silence, ayant un grand nombre d'abonnés éclairés, mais elle a pris un soin jaloux de parler pour ne rien dire, pataugeant dans les circonlocutions, s'empêtrant dans les périphrases, et si l'on s'en tenait à ses articles pour connaître ce qui en est de la question du gaz, bien sûr on n'y comprendrait rien.

Nous craignons fort que le prestige de la vénérable feuille, déjà fort diminué par sa malencontreuse campagne électorale, ne s'éclipse tout à fait et n'aille rejoindre les prestiges éteints : le prestige Bourbeau, le prestige Buffet, le prestige Pascal, *enfin (ô Jehovah)*, LE PRESTIGE RAYNAL.

Il était bien malade alors, le *prestige Raynal!* Il ne se portait guère mieux dans le camp républicain que dans le camp réactionnaire. M. Raynal, à cette époque, imitait sa *Gironde*, il fuyait le combat et cultivait la modestie. Puisqu'aujourd'hui il change de manière, force m'est bien de lui rappeler l'ancienne et de faire défiler sous ses yeux les vestiges du temps défunt.

Il le faut, Messieurs; la justice l'exige. La scène se passe en 1876; c'est un jury de 1876 qui doit l'apprécier. Ces documents, qui n'ont pas été inventés pour les besoins de la cause, sont vos témoins véritables. Grâce à leur verve caustique qui leur garde le ton et l'allure de la vie, vous redevenez les contemporains de l'heure qui les inspira. Excusez le terme vulgaire, vous vous mettez dans la peau des Bordelais qui la vécurent; vous partagez leurs dégoûts, leurs indignations, leurs colères; vous voyez la ville inquiète, frémissante, exaspérée; vous entendez le cri des exploités, et la longue rumeur de la foule; vous corrigez ainsi, autant qu'il est en vous, l'insuffisance de vos souvenirs, évanouis ou affaiblis, et vous déjouez le calcul de ces hommes qui escomptent les défaillances de nos mémoires et la légèreté publique, cette sauvegarde des politiciens! Nous connaissons leur tactique : ne jamais affronter la tourmente, courber la tête sous l'orage, se garder d'accepter la lutte avec des ennemis armés, organiser autour du bruit la conspiration du silence, puis, quand le temps a fait son œuvre, dix ans, quinze ans plus tard, tenter un procès en cour d'assises... à la veille des élections! A ce jeu-là ils risquent sans doute tout ce qui leur reste d'honneur. Mais que de fois, hélas! ils ont eu raison de croire à la généreuse lassitude du courroux populaire qui, pareil à la vague, se brise en écumant!... (Mouvement prolongé dans l'auditoire.)

J'en aurai fini avec l'histoire du gaz, cette histoire *politico-charbonnière*, comme la qualifiait, en présence de l'honorable M. Goin, le sieur Senmartin qui, lui aussi, par la suite, a bu de l'eau du *Léthé*... (rires), quand j'aurai rappelé un dernier épisode, le plus significatif.

Vous avez assisté jusqu'ici aux faiblesses d'un conseiller général; vous allez assister maintenant à la capitulation d'un ancien ministre de France.

C'était au lendemain d'un événement pénible entre tous, la grève de Decazeville, dont nos cœurs patriotes gardent le douloureux souvenir. Interpellé sur l'origine de cette catastrophe et sur les moyens d'en prévenir le funeste retour, le ministre alors au pouvoir déclare qu'il a obtenu de la compagnie d'Orléans une importante diminution sur le prix du transport des houilles, diminution très favorable aux charbons de Decazeville qui, grâce à elle, pourront, pour la production du gaz, rivaliser utilement avec l'importation anglaise sur le marché de Bordeaux. Voilà qui vous touche, Messieurs, n'est-il pas vrai? C'est le cas pour vos députés d'être heureux et d'applaudir? Eh! bien, quelques jours après, M. Raynal monte à la tribune, et, à propos de l'interpellation Jamais relative aux nouveaux tarifs, cette désastreuse conséquence des fatales conventions, il prononce un discours où je relève un passage qui, s'il n'est incompréhensible, est profondément regrettable. Sous une forme hypocrite, perfide, qui enveloppe le blâme dans l'éloge et dissuade en ayant l'air d'approuver, il fait en réalité le procès de la réduction obtenue. Ecoutez, Messieurs, et vous verrez, pour me servir des expressions de *la Province*, qu'en 1886

comme en 1876, « M. Raynal ne connaît que les charbons
qu'il transporte ».

M. RAYNAL. — Messieurs, il y a encore une observation à présenter au sujet de la réduction des frais de transport, dont je suis
partisan comme tout le monde, mais à la condition de la faire au
moment opportun et sans qu'il en coûte trop cher au budget de
l'Etat.

Mon observation est la suivante : je considère qu'on accorde
souvent une importance exagérée aux prix de transport quand on
s'occupe de la situation du commerce et de l'industrie. Voulez-vous
me permettre de prendre un exemple?

Lorsqu'on discutait, il y a plusieurs jours, l'interpellation relative aux événements de Decazeville, l'honorable ministre des travaux publics disait qu'il avait obtenu de la compagnie d'Orléans
une concession sur le prix du transport des houilles. Il vous disait
que les prix de Decazeville à Bordeaux étaient abaissés de 8 francs
à 6 francs la tonne, ce qui fait par tonne et par kilomètre un prix
de traction extrêmement bas.

Je suis très satisfait que M. le ministre des travaux publics ait
obtenu cette diminution de taxe, et j'espère, avec tout le monde,
qu'elle pourra être de quelque utilité pour l'extension de la production et de la consommation des houilles de Decazeville ; mais
M. le ministre des travaux publics insistait avec raison sur cette
réduction, parce qu'il espérait, disait-il, qu'elle permettrait aux
mines de Decazeville de disputer aux charbons anglais le marché
de Bordeaux pour les charbons à gaz. Vous vous rappelez tous,
Messieurs, cette indication donnée par M. le ministre.

S'il n'y avait eu en jeu qu'une question de frais de transport, il
se peut que l'abaissement eût produit le résultat désiré, *mais je
ne crois guère à la réalisation de cette espérance, parce que la
question se complique d'une question de qualité, parce qu'il y a
des exigences spéciales auxquelles peut répondre le combustible
anglais et non le combustible français.*

Si, en effet, les charbons français, soit de Decazeville, d'Aubin
ou de Cransac, pouvaient lutter à Bordeaux avec les charbons
anglais à gaz, ils commenceraient par les chasser d'un marché
important bien plus facile à conquérir pour eux, le marché de Toulouse.

M. Wickersheimer.— On envoie 97,000 tonnes de charbon français à Toulouse !

M. Raynal. — Mais, monsieur Wickersheimer, je ne parle pas du charbon envoyé à Toulouse pour tous les usages, pour la vapeur, pour le chauffage, pour les forges ; je ne parle que du charbon à gaz, parce que c'est l'exemple qui a été cité par M. le ministre des travaux publics. Si vous voulez savoir quelle est la consommation de charbon à gaz à Toulouse, je crois ne pas me tromper beaucoup en disant que l'usine à gaz de Toulouse peut consommer de 35,000 à 40,000 tonnes de charbon. Je fais ce calcul en me basant sur la proportion entre la population de Toulouse et celle de Bordeaux, et je crois même que j'exagère.

On consomme, à Toulouse, des charbons français ; *mais les charbons français, pas plus ceux de Decazeville que ceux d'Aubin et de Cransac, ne peuvent obtenir l'intégralité de la consommation. Pourquoi? Parce qu'il n'y a pas seulement une question de prix, mais aussi une question de qualité ;* parce qu'à Toulouse comme à Bordeaux, comme à Paris, il existe un cahier des charges qui oblige ceux qui exploitent les usines à gaz, à fournir un gaz possédant un pouvoir éclairant déterminé. De plus, les exploitants des usines à gaz sont incités à avoir le meilleur coke possible, parce que si le coke est mauvais, il est difficile de l'écouler ; tandis que lorsqu'il a une certaine qualité, la vente en est facile dans les grandes villes comme Toulouse et Bordeaux.

On consomme donc, pour ces raisons, à Toulouse, de 13,000 à 15,000 tonnes de charbon anglais — plus du tiers de la consommation totale — et ces charbons débarquent à Bordeaux, puis franchissent 250 ou 280 kilomètres, distance qui sépare Toulouse de Bordeaux, et arrivent à Toulouse.

D'ailleurs, il faut tenir compte de ce que les charbons d'Aubin, pour arriver à Bordeaux, ont 250 kilomètres à faire, distance que n'ont pas à parcourir les charbons anglais. Il est évident qu'il en résultera toujours pour les charbons français une situation inférieure.

Ainsi M. Raynal ne croit pas que la diminution de tarif favorise Decazeville, *parce que,* dit-il, *au point de vue du pouvoir éclairant le charbon français restera toujours inférieur au charbon anglais.* Or, Messieurs, vous vous souvenez de ma demande à M. de Casembroot, qui est un spécialiste : *Quel est le meilleur charbon sous le rapport de l'éclairage ?* Et lui de me répondre : *C'est le charbon de Cransac !* c'est-à-dire *Decazeville*, ainsi qu'il résulte de la petite leçon de géographie que le témoin m'a donnée et dont je le remercie. (Rires.) De sorte que de deux choses l'une : ou bien M. Raynal ignore la question houillère, ce qui est étrange de la part d'un député de Bordeaux, ancien ministre des travaux publics, et, par-dessus le marché, négociant en charbons ; ou bien M. Raynal apporte à la tribune parlementaire des affirmations erronées doublement regrettables lorsqu'elles favorisent les produits anglais qu'il transporte au préjudice des produits français qu'il ne transporte pas !

Qu'importe, après cela, que, deux années auparavant, M. Raynal ait accueilli, comme il l'assure, une requête tendant à obtenir une réduction de tarifs ? Qu'est-ce que cela prouve ? Qu'il est intelligent ? Oh ! je n'en ai jamais douté, et je le sais beaucoup trop fin pour croire qu'étant ministre il ait jamais dit à un solliciteur français : « Mon ami, je vous fais concurrence ; passez une autre fois ! » Non, ce n'est pas ainsi qu'opère M. Raynal ; l'échantillon de sa méthode se trouve dans son discours de 1886, et, plus je le relis, ce discours qui me cause un inexprimable malaise, plus j'ai envie d'appliquer à une certaine morale, la morale de la Bourse, ce que M. Madier de Montjau, ce bouillant orateur de la gauche, si dur pour M. Raynal avant de lui être si propice, disait de certaines lois : « Après avoir pénétré les âmes par l'intérêt, elles les putréfient par les jouissances... C'est pour elles un jeu de transformer, de dépraver... Et contre elles, on ne s'insurge jamais parce que, sans se sentir corrompu, on l'est jusqu'aux moelles !... »

Oui, quand les politiciens prononcent de ces discours-là, il faut qu'ils les expliquent et qu'ils s'expliquent. Ce n'est point la facilité qui leur manque ; ils sont habiles et diserts ; ils possèdent surtout un art de jongler avec les chiffres qui est merveilleux. Je les ai vus à l'œuvre, se défendre à la barre contre des accusations écrasantes, prodiguer, des journées entières, les inépuisables ressources d'une souplesse dans le sophisme qui, malgré tout, commandait l'admiration. Certes, ils avaient dix fois tort ; mais, comme disait à son maître le valet de Don Juan, ils tournaient ça de telle manière qu'il semblait qu'ils avaient raison... Ils réduisaient à quia président et substitut !... (Rires.)

Ainsi donc, qu'ils s'expliquent, et si, en dépit des atouts dont leur jeu est plein, ils ne parviennent à lever tous les doutes, qu'ils sachent bien que dans ce pays de France, à moins que nos cœurs soient bien tarés, on ne se fiera plus longtemps à des hommes dont la louche équivoque fait l'unique rempart. Eh ! quoi, nos institutions séculaires se sont, l'une après l'autre, abîmées dans le gouffre sans fond du passé ! Tout a sombré dans le cataclysme ! Tout s'est englouti ! Tout a disparu ! Disparue, la Royauté ! Disparus, les Parlements ! Disparues, ces vieilles coutumes, plus ineffaçables que des chartes, ces traditions des ancêtres, solides comme le marbre, inébranlables assises d'une société qui avait ses iniquités et ses vices, mais qui, telle quelle, a si longtemps, sur la terre, commandé la crainte et le respect ? Qui a remplacé tout cela ? Le député ! Le député ? Il fait tout ! Le député ? Il est tout ! Il est le drapeau et la bourse ! Il est la fortune et l'honneur ! De lui dépend la gloire ou la honte ! La richesse ou le déficit ! Il est la paix ! Il est la guerre ! D'un signe, il peut nous jeter sur le Rhin ; car il commande à nos courages, il est le chef de l'armée ! Son pouvoir est sans limites, parce qu'il est anonyme, comme l'est le pouvoir d'une assemblée irresponsable ! Terrible omnipotence qui nous inquiète et nous effraie parce que, sitôt que les principes l'abandonnent, elle engendre le despotisme sans remède et la corruption sans pudeur ! Et quand on voit l'héritier de toutes les puissances mortes, le nouveau roi de la démocratie débiter à beaux deniers comptants les choses les plus saintes dans le Palais National, ou bien, moins coupable mais plus dangereux peut-être, ne songer dans la maison politique de la France qu'à sa maison de commerce à lui, nous, les jeunes, les assoiffés d'idéal, nous sommes pris d'une immense tristesse, nous cherchons dans cette boutique un coin de ciel bleu, un rayonnement de lumière, et nous rêvons, malgré nous, à ces héros doux et forts, saint Louis ou Washington, prince ou seulement citoyen, mais citoyen digne de ce nom, le plus beau qu'aient inventé les hommes, capable, par sa foi généreuse et son héroïque sagesse, de bâtir, non pas une de ces masures ouvertes aux quatre vents des plus viles passions humaines, mais un de ces robustes et superbes édifices qui abritent durant des siècles la prospérité d'un peuple et la grandeur de la Patrie !...

J'aurai fini, Messieurs les jurés, quand je vous aurai dit quels motifs ont déterminé M. Savine à éditer les passages du livre relatifs aux Conventions.

Il ne s'agit plus, cette fois, d'une affaire locale, mais d'une question plus haute qui intéresse l'avenir. Je ne m'attarderai pas à la résoudre.

D'accord avec M. l'avocat général, j'estime que ce n'est point ici le lieu d'entreprendre un cours d'économie politique ; il vous suffit d'avoir entendu les trop nombreuses conférences qu'on a faites à cette barre sous couleur de dépositions. Peut-être se trouve-t-il parmi vous des administrateurs, des gens d'affaires auxquels ce genre d'études est familier ; ceux-là ont une compétence technique et un avis personnel ; ils ont pu apprécier à leur juste valeur les arguments de chacun, et sans doute, ce n'est pas sans quelque surprise qu'ils ont écouté l'étrange dialectique des fonctionnaires auxquels M. Raynal a remis le soin de célébrer dans cette enceinte sa personne et ses bienfaits. Prenez ces témoignages pour ce qu'ils valent, pour des panégyriques. Comment y voir autre chose ? Ceux de qui ils émanent sont les hommes de M. Raynal ; l'un d'eux, M. Cendre, a été son *alter ego* ; tous, ils ont plus ou moins collaboré à son œuvre ; ils l'ont préparée et fait voter ; parfois ils l'ont votée eux-mêmes ; la responsabilité leur en incombe, ils la partagent avec lui ; en l'accusant on les accuse, et ils s'excusent en l'excusant !

Leurs plaidoyers appartiennent donc au domaine exclusif de la rhétorique ; la justice leur est étrangère ; elle n'apprend rien chez eux. La seule chose qui la touche, ils ne la lui disent pas : c'est le secret de la singulière conduite, de l'inconcevable attitude de M. Raynal, de sa subite évolution, de sa conversion inquiétante à des doctrines jusque-là combattues par lui avec la dernière violence, enfin de cet ensemble fâcheux de promesses demeurées vaines, de fausses affirmations, de calculs controuvés qui, joints à la dissimulation de pièces essentielles, à une précipitation sans exemple qui semble un escamotage, ont arraché, surpris un vote que l'histoire jugera sévèrement. Aucun des termes que j'emploie qui ne trouve sa justification éclatante dans le *Journal officiel*, le plus souvent dans les discours mêmes de M. Raynal. Un tel concours de circonstances autorisait-il le soupçon ? Je n'ai pas à le rechercher ; ce n'est ni mon but, ni ma tâche. Mais ce que j'affirme, c'est que, s'il ne l'autorisait pas, du moins il l'a fait naître : je l'affirme et je le prouve : la preuve matérielle en résulte d'écrits non équivoques, et de saisissantes formules qu'il est indispensable de replacer sous vos yeux.

Quelle était la situation en 1883 ? Les grandes Compagnies de chemins de fer venaient d'avoir une rude alerte ; plus de peur que de mal ; mais l'inquiétude subsistait : le rachat planait dans l'air ; « il était à moitié fait », a dit M. Pelletan ; grâce aux énormes créances de l'Etat du chef de la garantie d'intérêt, créances remboursables sur le matériel, ce dernier se trouvait payé d'avance ; « *il en résultait une tentation perpétuelle, un véritable commencement de rachat* ». S'il n'était pas pour le quart d'heure un péril imminent, il restait une menace, et en jouant de cette menace, l'Etat tenait sa partie. Il ressemblait à un créancier qui n'exerce pas de poursuites, mais garde par devers lui un billet en bonne et due forme qu'il exhibera au besoin. Les Compagnies le sentaient bien,

il leur fallait à tout prix chasser ce mauvais rêve, calmer ces
appréhensions et se délivrer du fantôme qu'on agitait sous
leurs yeux. Leur sécurité l'exigeait ; il y allait de l'avenir.
Elles entrèrent en campagne. Leur arme ? Vous la devinez :
on peut en frapper sans cesse ; la pointe ne s'en émousse
jamais. Leurs coups ne languirent pas. Mesure-t-on l'argent,
lorsqu'il y va de l'argent ?... L'argent ! Il est le tout des
entreprises financières ; il est leur seule raison d'être ; il est
leur moyen et leur but ; c'est pour lui et par lui qu'elles
naissent, pour lui et par lui qu'elles vivent... et quelquefois
qu'elles meurent ! Lui, toujours lui, rien que lui ! Il est le
ressort qui les meut, le souffle qui les anime, il remplace
chez elles les battements du cœur. Marchands énormes,
monstrueux, mais marchands sans âme ni chair, où rien ne
vibre et ne palpite, qui n'aiment pas, ne sentent pas, vraies
machines à dividendes, ligues d'appétits anonymes qu'aucun
scrupule ne réfrène puisque l'homme y disparaît avec ses
remords et ses doutes pour faire place à l'impassible incons-
cience de l'*action !*...

L'argent ! Les Compagnies le versèrent à flots ! La chose
en valait la peine : c'était la lutte pour la vie ! Il fallait mettre
un terme à la guerre et conclure la paix avec l'Etat, mais
une paix définitive qui écrasât l'ennemi et fût son désarme-
ment. On devait au préalable conquérir l'Opinion ; l'Opinion
dépend de la Presse. On eut la Presse pour alliée ; on l'eut
presque tout entière. « En subventionnant *cinq cents journaux*, disait M. le député Lesguiller, un des collègues de
M. Raynal, les grandes Compagnies sont parvenues à ameu-
ter le public contre leurs adversaires. *La majorité de la Chambre a dû, bon gré mal gré, suivre le courant.* » Les journaux
ne suffisaient pas ; on eut recours aux livres ; ce fut une
pluie de brochures, un déluge de papiers ; les factums de
tous formats et de toutes couleurs, s'écrie M. Madier de
Montjau à la séance du 17 juillet, sont jetés en doubles et
triples exemplaires *jusque sous la porte de ceux qui les repous-
sent du pied.* L'énergique orateur qualifie ces factums d'or-

dures sophistiques ; je lui laisse la responsabilité de l'expression. On ne les jetait pas seulement sous la porte, on en couvrait aussi les bancs des députés ; lorsque ceux-ci y prenaient place, ils s'asseyaient sur la prose des grandes Compagnies... (Rires.)

Dans une de ses harangues, M. Raynal raconte qu'il se souvient avoir voyagé en Angleterre dans des tramways où non seulement on ne lui faisait rien payer, mais encore où on lui offrait un rafraîchissement à l'arrivée. « Cela s'est fait sur les bords de la Garonne ! » lui dit même à ce propos un de ses collègues, M. Roque (de Fillòl). Je crois avec M. Pelletan, qu'en 1883, les Compagnies auraient offert bien volontiers des rafraîchissements à certaines personnes ; elles leur donnaient des livres par-dessus le marché ; elles n'étaient plus qu'accessoirement une entreprise de transports ; elles étaient avant tout *une entreprise de librairie.* Ce sont les propres termes qu'emploie M. Pelletan ; écoutez le passage, il est fort instructif :

Personne n'ignore que les grandes Compagnies font une propagande qui leur coûte de certaines sommes. (Très bien ! très bien ! sur plusieurs bancs à gauche.)

Elles disent qu'elles sont une industrie particulière, une entreprise de transports ; elles sont aussi une entreprise de librairie, et une entreprise de librairie dans des conditions particulières et singulièrement analogues à celle de ces compagnies anglaises de chemin de fer dont M. le ministre des travaux publics nous parlait l'autre jour et qui transportent les gens pour rien en leur offrant même des raffraîchissements (Hilarité) ; les Compagnies donnent aussi leurs livres pour rien ; elles offriraient même volontiers des raffraîchissements en sus. Ce n'est un mystère pour personne que cela coûte extrêmement cher, plusieurs millions peut-être par an, ce qui laisse à supposer, car je ne crois pas qu'il y ait d'autres dépenses comprises dans les frais de publicité, que les imprimeurs chargent beaucoup la note des grandes Compagnies.

Ainsi, voilà une littérature qui est consacrée tout entière à combattre l'Etat, à attaquer ses droits actuels et la façon dont il administre les chemins de fer.

Je demanderai à M. le ministre des finances comment les compagnies, et peut-être certaines compagnies qui ont recours à la garantie d'intérêt, peuvent distraire de leurs recettes une certaine somme pour stipender cette littérature.

Où donc est le contrôle financier ? (Très bien ! très bien ! et applaudissements à gauche.) ·

Je demande comment il peut se faire que l'Etat se trouve, en somme, payer la guerre qui lui est faite.

J'insiste sur ce point ; je répète la question à M. le ministre. *A-t-il découvert, à l'aide du contrôle financier, quelque chose des nombreux millions employés à cet effet ?* Les a-t-il trouvés ? je lui pose très instamment la question, et je crois qu'il serait nécessaire d'obtenir une réponse. Nous n'avons pas eu de réponse jusqu'ici...

A gauche. Elle viendra plus tard.

M. CAMILLE PELLETAN... J'espère que nous l'aurons plus tard. Je me borne à rappeler qu'il est à ma connaissance personnelle qu'on connaît au ministère la trace de ces fonds ; — je pourrais au besoin invoquer le témoignage conforme de M. Allain-Targé, ancien ministre des finances, et je suis sûr qu'il ne me démentira pas.

M. ALLAIN-TARGÉ. — Le témoignage de tous les ministres.

M. CAMILLE PELLETAN. — On pourrait nous dire comment ces fonds ont été employés à faire la guerre à l'Etat, et comment le contrôle financier ne l'empêche pas.

M. ALLAIN-TARGÉ. — Il l'empêche maintenant.

M. CLÉMENCEAU. — Comment ! depuis ce matin, alors. (Rires.)

M. ALLAIN-TARGÉ. — Il l'empêche maintenant !

M. LE MINISTRE DES TRAVAUX PUBLICS, *s'adressant à l'orateur.* — Voilà la réponse !

M. CAMILLE PELLETAN. — Ainsi, quand nous aurons des réponses à obtenir du ministère, nous les demanderons à ses prédécesseurs ! (On rit.)

La garantie d'intérêt fonctionnant pour stipendier la littérature consacrée à combattre l'État, n'est-ce pas que c'est joli à force d'être cynique ?

Retenons aussi ce point déjà élucidé par d'autres exemples au cours des débats, à savoir qu'*il est possible aux compagnies de distraire de leurs recettes un certain nombre de millions dont l'emploi échappe au contrôle financier.* Ce sont les dépenses secrètes et ce ne furent sans doute pas les moins utiles en 1883 !...

Pour s'abriter contre une pareille pluie d'or, il eût fallu des consciences robustes. Toutes, paraît-il, ne le furent pas également, si j'en crois la tournure ironique de certaines harangues du temps. Des mots polis qu'on employait encore par habitude — on est, depuis, devenu plus franc — prenaient dans la bouche des orateurs un air de néologisme qui ne l'était pas. Le verbe *se convertir* semblait, surtout, détourné de son acception primitive. « La Presse presque tout entière *s'est convertie* », s'écriait avec amertume M. Madier de Montjau ; et sa colère narquoise disait assez les sentiments que lui inspirait cette foule de néophytes dont l'ardeur ne répondait que trop au prosélytisme de ces irrésistibles missionnaires qu'on nomme les grandes Compagnies. La prédication a réussi ; la bonne nouvelle a touché les âmes rebelles ; la croisade politico-financière en est arrivée à ses fins : le rachat n'est plus possible !... *Il est plus difficile,* avoue M. Rouvier ; et force est de reconnaître avec M. Pelletan que « lorsque le rachat est déclaré plus difficile par le défenseur attitré des conventions, il est bien permis de traduire par *impraticable* ».

Le malheur des *conventions* fut d'être l'œuvre de l'argent. Or, ce qui naît de l'argent se trouve souillé dans sa source et voué à tous les soupçons. On sait que, jeté d'une main vigoureuse, l'argent alla tomber dans des poches haut placées. De là à croire que, dans son formidable élan, il put atteindre jusqu'à la poche du ministre, il n'y avait qu'un pas ; ce pas, on l'a franchi. Je ne dis point : *Je le franchis ;* je ne m'en reconnais pas le droit ; je dis : *On l'a franchi ;* je ne discute pas, je raconte : ceci n'est qu'une constatation. M. Raynal a-t-il tout fait pour prévenir ce résultat ? Sa tâche était grandiose : contre l'or, ce soldat terrible, la confiance de ses concitoyens le constituait gardien du pays. Mission digne de tenter un de ces hommes clairvoyants et austères

5.

qui sont le salut d'une époque et l'honneur d'une situation !
M. Raynal s'est-il montré cet homme-là ? Il semblait marqué
par le sort pour tenir en échec la finance. Cette dernière
n'avait pas de pire ennemi que lui ; depuis longtemps il lui
faisait une rude guerre, et ses premières armes remontent
à une époque déjà éloignée de nous ; M. Laisant, son compagnon de lutte, nous a raconté ses campagnes et comment
il conquit ses nombreux galons. Vous savez ses états de services ; ils sont des plus chargés. A la place des Compagnies,
son nom m'eût rempli d'effroi et ce n'est qu'en tremblant que
je me fusse rappelé ses anathèmes sonores contre les œuvres
et les pompes des financiers. Écoutez, Messieurs ; la scène
se passe à Bordeaux le 3 mai 1882, juste une année avant
les conventions :

« La préoccupation constante de l'ancien cabinet Gambetta
était de tenir compte non des révolutions sociales, mais des évolu-
tions sociales ; s'occuper utilement des petits, se préoccuper de
leurs droits et de la défense de ses droits, tel était un de ses ob-
jectifs.

Pour moi, les véritables adversaires du cabinet n'étaient pas à
la Chambre. Les véritables ennemis étaient au dehors. Ce sont ceux
qui depuis longtemps s'opposent à l'avènement de la démocratie,
n'ayant pu s'opposer à l'avènement de la République ; ce sont ceux
qui avaient conscience que, dans toutes les branches de l'activité
nationale, les solutions démocratiques allaient surgir ; *ce sont ceux
qui dominent la haute banque* et qui redoutaient une conversion
et un emprunt pour les grands travaux publics, et qui n'auraient
pu ainsi écouler leurs rentes amortissables et se servir de l'épargne
française pour les emprunts étrangers ; *ce sont ceux qui comman-
dent dans presque toutes les grandes compagnies de chemin de fer,
et qui sentaient que la démocratie avait droit d'arrêter le torrent
des dividendes et de faire jouir le pays des excédents de produits,
même s'il avait fallu, pour atteindre ce but,* USER D'UNE FACULTÉ DE
RACHAT *inscrite dans les contrats ;* ce sont, en un mot, les favoris du
monopole, des privilèges et des abus qui ont tout mis en œuvre
pour précipiter le dénouement. On a dit dernièrement que contre
le ministère Gambetta, il y avait eu la coalition des parapluies.

Eh bien ! je crois, moi, qu'il y a eu la coalition des fourchettes, c'est-à-dire la coalisation des appétits, la coalition des égoïsmes contre le gouvernement organisé et fort de la démocratie populaire.

Droits des petits, Haute Banque, Démocratie populaire, excédents de produits, torrent des dividendes, faculté de rachat, favoris des monopoles, vous retrouvez dans ce discours tout l'attirail un peu déclamatoire de MM. Pendrié et Hübner. Depuis qu'il est devenu sage, M. Raynal parle une autre langue ; les Conventions ont transformé son style ; mais telle était alors sa manière ; et il en a changé quinze jours avant les Conventions: nul besoin d'invoquer ici le témoignage de M. Laisant ; celui de M. Madier de Montjau suffit ; c'est le plus énergique et le plus significatif ; entendez-le énumérer les joûteurs qui harcelèrent les Compagnies :

Ici, c'était Laisant, c'était Allain-Targé, c'était Lecesne, — pauvre Lecesne qui n'est plus là pour m'entendre et me soutenir, hélas ! Amer regret pour tous ceux qui l'eurent pour compagnon de lutte ! Que, du moins, j'aie cette joie, faite de justice, de rendre publiquement hommage au courage, au talent avec lequel ce mort, dont on a trop vite oublié, non seulement la voix — chose triste déjà ! (Non ! non ! à l'extrême gauche) — mais les fiers et vaillants discours, défendant le droit et le peuple ! (Nouveaux applaudissements sur plusieurs bancs à gauche.)

En province, c'était M. Raynal. Oui, en province, nous avions M. Raynal. (Sourires à l'extrême gauche.) Etait-il déjà des nôtres ? Je ne le crois pas ; mais, en tous cas, il faisait au mieux dans son département pour en être bientôt, par l'énergie avec laquelle il soutenait les thèses favorables au peuple. Quelle ardeur, quelle force, quelle constance dans le bon combat ! Rude combat, celui qu'il livra dans le conseil général de la Gironde, M. Raynal ! (Rires à l'extrême gauche.) De là, il suivait — avec quelle attention ! — les débats du Parlement, et à ce que lui fournissait pour livrer bataille, son esprit, son intelligence, sa propre éloquence, il savait adapter, comme des diamants dans une monture déjà précieuse, tous les arguments, toutes les citations, tous les traits qui, de la tribune parlementaire, comme des bombes, étaient allées frapper en pleine poitrine les grandes Compagnies et couvrir de leur protection l'exploitation par l'Etat. (Marques d'approbation sur divers bancs à gauche.)

Messieurs, ne croyez pas que l'honorable ministre des travaux publics, membre du conseil général de la Gironde, n'ait eu que ce moment d'enthousiasme pour cette cause, qu'il cédât à l'entraînement de l'exemple, à son ardeur juvénile de quelques heures, de quelques jours, même de quelques mois. Je n'ai pas apporté, c'eût été la charge d'un homme (sourires), tous les comptes rendus des séances du conseil de la Gironde, où M. Raynal a pris la parole, — mais ce fut, d'abord, dans les deux sessions de 1875 ; puis dans celle de 1876 ; enfin, — oh ! ce n'est pas, comme vous allez voir, bien loin de nous, — dans la grande session de 1877.

M. Raynal ne badine pas, il ne transige pas avec les Compagnies, ni avec qui fait seulement mine de les défendre (rires sur divers bancs à gauche), son estime pour elles est égale à la mienne. (Applaudissements à l'extrême gauche.) Il sait, comme moi, ce qu'elles valent, ce dont elles sont capables, et il le dit bien haut !

Il connaît leurs exploits et il les raconte. Rien n'est oublié, absolument rien, et chaque session voit poindre dans ce conseil de la Gironde une proposition de vœu formulée par lui, que cinq ou six discours aussi chaleureux que logiques, font, à chaque session, adopter et acclamer par ses collègues, membres de la commission des vœux, puis par les membres réunis du conseil. (Très bien ! très bien ! à l'extrême gauche.)

Oh ! sur cette question, il a eu tout le temps de réfléchir — trois années ! — d'examiner, de fixer son jugement ; il la sait par cœur, et trois ans durant, il est de notre avis. *Et ce n'est pas tout ; il en est encore !* (Rires à l'extrême gauche.) *Ne riez pas, Messieurs, admirez plutôt.* (Nouveaux rires sur les mêmes bancs.) *Oui, admirez ! car pour le bien public, pour le salut de la patrie, Décius ne jeta dans le gouffre que son corps ; M. Raynal y jette avec lui sa foi !*

Ne disiez-vous pas, en effet, Monsieur le ministre — on avait omis de l'insérer dans le compte rendu, mais je l'y ai fait soigneument rétablir — ne disiez-vous pas dans la commission des vingt-deux, dont j'ai l'honneur de faire partie, — cette commission du régime général des chemins de fer, — il faut retenir ces mots, Messieurs, qui auront leur importance dans le débat. — lorsque vous y êtes venu pour la première fois, ne nous avez-vous pas dit :

« *Il y a dans le monde deux hommes qui sont profondément convaincus des avantages de la construction et même de l'exploitation par l'Etat : l'un est mon voisin de droite, M. Madier de Montjau, l'autre, moi ; moi, ministre des travaux publics.* » (Rires sur divers bancs à gauche.)

Ceci est textuel et n'a pas quinze jours de date. Je ne l'ai pas oublié et l'on doit voir que j'ai raison de dire que c'est une couronne civique que mérite M. le ministre des travaux publics pour la façon dont il se conduit aujourd'hui. (Nouveaux rires sur les mêmes bancs.)

Faut-il des preuves ? Voici d'abord, à la fin du rapport de la sous-commission du conseil général de la Gironde, le texte d'un des vœux innombrables de M. Raynal « ... proposant que le conseil, tout en persistant dans ses précédentes délibérations, demandant le rejet de la fusion des Charentes et de l'Orléans, et le maintien de l'autonomie des Charentes, déclare se montrer favorable au rachat par l'Etat, et à l'exploitation directe ou par compagnies fermières, du réseau des Charentes et autres lignes secondaires du Sud-Ouest ». Et le conseil adopte. (Mouvements divers.)

Peu avant que cette charge à fond fût exécutée à Bordeaux par la cavalerie de réserve, à Paris le premier rang avait chargé aussi, à notre complète satisfaction : Laisant, Lecesne, Allain-Targé. Eh bien ! M. Raynal ne trouve pas nos amis assez radicaux.

M. Allain-Targé consentait à ce qu'en bridant fortement l'Orléans, on s'accommodât avec lui par la concession des Charentes. M. Raynal ne voit là qu'un accroissement déplorable de l'Orléans. Ni caveçon, ni mors, ni martingale, ne pouvaient le rassurer. M. Allain-Targé n'était qu'un modéré ! Exprimée en termes fort galants, c'était là sa pensée. Aussi voulait-il, si compromise que fût la situation, si fort que pressât le temps, l'indépendance des Charentes ou leur rachat. (Très bien ! très bien ! à l'extrême gauche.)

Leur indépendance ? Elles trouvaient le moyen de vivre, en s'entendant avec d'autres lignes à créer bientôt ; on finirait bien par forcer l'Orléans à tenir compte de la Compagnie du second réseau, à ne pas lui faire les taquineries et les vilains tours faits par elle à tant d'autres, et dont complaisamment MM. Laisant, Lecesne, Allain-Targé avaient apporté la longue énumération à la tribune parlementaire. (Approbation sur divers bancs à gauche.)

Le rachat ? Il était de droit si l'on ne maintenait pas l'isolement des Charentes. Et le conseil de suivre M. Raynal!

Devant ces attaques partout réitérées, devant le rejet de la convention proposée à l'Orléans, les Compagnies stoppent ; elles comprennent que l'heure est venue de rentrer leurs griffes et de carguer leurs voiles ; leurs griffes rentrent, leurs voiles se carguent... (Rires à l'extrême gauche), et elles attendent l'heure où elles pourront commander encore.

L'heure a sonné. De nouveau, les Compagnies sortent leurs griffes et déploient leurs voiles :

« Après avoir atteint un ministère Say-Varroy, continue M. Madier de Montjau, après avoir, sous lui encore, vu les conventions avorter, avec M. Raynal elles se croient arrivées au comble de leurs vœux... Elles n'ont pas désespéré de la convertir et elles y sont parvenues. »

N'avais-je pas le droit, Messieurs, de qualifier cette conversion d'*étrange*, et de *subite* cette *évolution* ?

« *Il y a dans le monde deux hommes qui sont profondément convaincus des avantages de la construction et même de l'exploitation par l'Etat : l'un est mon voisin de droite, M. Madier de Montjau, l'autre, moi ; moi, ministre des travaux publics.* »

Qui dit cela ? M. Raynal. Combien de temps avant les Conventions ? *Quinze jours !*

« Si je n'entendais pas nos honorables collègues nous affirmer qu'ils sont restés conséquents avec eux-mêmes, disait M. Pelletan, nous ne pourrions nous défendre d'une certaine impression que vous me permettrez de traduire sous une forme suggérée par les questions que nous traitons — nous penserions que, s'il y a un chemin sur lequel on n'a pas à craindre aujourd'hui les déficits kilométriques, c'est assurément le chemin de Damas... (Rires et applaudissements sur plusieurs bancs à gauche.)
On y voyage en express. (Nouveaux rires.)

Je parle de *Conversion* ! Mais M. Madier de Montjau n'y croit pas. Rappelez-vous ses paroles :

« Trois ans durant M. Raynal est de notre avis. Et ce n'est pas tout : *il en est encore !* (Rires à l'extrême gauche). Ne riez pas, Messieurs, admirez plutôt ! (Nouveaux rires sur les mêmes bancs.) Oui, admirez ! car pour le bien public, pour le salut de la patrie, Décius ne jeta dans le gouffre que son corps ; *M. Raynal y jette avec lui sa foi !...* »

Est-ce clair ? Rapprochez ces terribles paroles de celles de la péroraison :

« Alors, oh ! alors, la féodalité financière sera complète.
Tout lui appartiendra, y compris les consciences !
Ah ! ce qui se passe témoigne assez déjà de son accaparement.
A elle déjà la presse entière, ou presque tout entière convertie, malgré les éloquentes et irréfutables démonstrations des Lecesne, des Lamartine... et les vôtres !
Et ses administrateurs ministres ne craignent pas de venir à la place où je suis frapper au cœur le crédit du Trésor public à la gloire et au profit du leur ; et d'autres ministres si puissamment impressionnés par le mirage, si écrasés par l'atmosphère où ils vivent, qu'en six mois leurs opinions changent, *ou que n'ayant pas changé, ils font contre leur sentiment les affaires des Compagnies,* ne disent-ils pas assez où nous en sommes et ce qu'elles peuvent et quelle place ces nouveaux hauts barons tiennent dans notre pays ! (Très bien ! à l'extrême gauche.)

Barons « qui, à défaut d'armoiries, pourraient sur leurs carosses faire peindre des gros sous », dont la tyrannie effrayante est le secret de bien des luttes engagées par M. Savine, plus puissants et plus dangereux que les anciens féodaux, mieux disciplinés aussi, car les anciens se révoltaient parfois contre le roi de France, tandis qu'eux obéissent comme un seul homme au moindre signe du roi des Juifs !
Et les mots effroyables, les mots de la fin, *putréfaction des consciences,* qui retournent tous les regards vers le banc des ministres où siégeait M. Raynal ! (Mouvement.)
Et cette comparaison entre la république de M. Raynal et la république romaine agonisante :

La République pourrie touchait à sa fin, et l'on vit arriver César, et après César, Auguste, et après Auguste, Tibère et Néron, et peut-être ce fut pour Rome un salut relatif d'échapper par eux aux autres, *car ce despote unique décapitait parfois le despote multiple*. (Très bien ! sur plusieurs bancs.)

Est-ce là, Messieurs, le ton d'un discours purement économique ? Emploie-t-on des termes pareils, quand on ne reproche à un homme que son incompétence ou une étude trop superficielle de la question ? Ces paroles enflammées n'atteignent-elles pas celui qu'elles visent dans ce qu'il a de plus cher, son honneur ? Ah ! Il y a quelqu'un qui ne s'y est pas trompé : c'est M. Raynal ! Et le rapporteur non plus, M. Rouvier, qui partage avec lui les responsabilités les plus lourdes, lorsque le lendemain du discours de M. de Montjau, il montait à la tribune pour dire : « Nous comprenons qu'on critique notre œuvre, mais non qu'on suspecte notre moralité ! »

Ils avaient raison : ce jour-là, en plein Parlement, le soupçon avait pris naissance ; il avait mordu l'homme public, dont on ne pouvait sans injustice accuser l'inaptitude, puisque lui, l'artisan du naufrage, il poussait quinze jours avant un cri d'alarme pour avertir les navigateurs !

Le soupçon existait en germe ; il va se développer et grandir ; il engendre des racontars. C'est l'histoire de la lettre qu'on se chuchote à l'oreille ; elle circule dans les couloirs parlementaires ; de ces couloirs elle tombe dans les bureaux de rédaction, et de là dans la rue où le public la ramasse et, dans sa fièvre de précision, lui donne la formule brutale qui met les pieds dans le plat. Voilà la légende ; personne ne peut la nier de bonne foi ; elle a été établie en pleine Chambre, mieux que je ne saurais le faire moi-même, en termes tellement vigoureux qu'ils dépassèrent la frontière et qu'on en entendit l'écho dans la presse étrangère.

Mais, à côté de la légende, il est une autre forme d'accusation, moins grossière, plus raffinée, plus sceptique, et partant plus dangereuse, parce qu'elle est plus raisonnable, et dit plus sans rien affirmer. C'est la forme des publicistes, des penseurs, des philosophes. « Incapable ou complice, que M. Raynal choisisse ; il n'était pas incapable ; donc... » Voilà la conclusion du livre de M. Pendrié. C'est, en termes beaucoup plus vifs, la thèse d'une autre brochure écrite par un commerçant qui ne cherche pas le scandale et qui, à ma connaissance, n'a jamais été inquiété. Telle est la note qu'on retrouve, non pas seulement dans des articles de polémique passagère, mais dans des écrits qui restent, qui resteront davantage que les *Dossiers* de M. Gilly. Rien de terrible, comme ce doute rationnel légué à la postérité ! il s'autorise de ces palinodies, de ces contrastes, et aussi de cette précipitation inouïe, de ces vaines promesses, de ces calculs controuvés, de ces fausses affirmations que je rappelais plus haut.

Précipitation inouïe :

On nous apporte, Messieurs, les conventions que vous savez : et, à huit ou dix jours de leur dépôt, la Commission se réunit.

Dans le même temps à peu près, elle a accompli sa tâche ; quarante-huit heures après, le rapport de M. Rouvier est déposé ; quatre jours après qu'il a été mis sur votre bureau, nous discutons. Soit ! Mais aussi bon train que nous marchions vers ce dénouement, savez-vous, Messieurs, qu'il est grave, qu'il vaut la peine d'être pesé par nous, même par mes plus chaleureux adversaires, et qu'au moment de déposer dans l'urne un bulletin qui pèsera dans l'histoire de leur vie législative, je le leur garantis, comme aucun de ceux qu'ils ont déposés déjà, ils réfléchissent ! (Applaudissements à l'extrême gauche et sur quelques bancs à droite.) (Discours de M. Madier de Montjau.)

Réfléchir ! Il paraît qu'on n'a pas le temps ! Le ministre est pressé. En vain, M. Papon implore un délai de grâce ; une minute d'attention, supplie-t-il ; l'heure est solennelle.

M. PAPON. — Quelle loi allez-vous discuter ? Est-ce une loi que vous ferez aujourd'hui et que demain vous pourrez abroger si vous reconnaissez qu'elle a des défectuosités et des vices ? Non, c'est une loi d'une nature particulière. En la votant, vous sanctionnez des conventions que l'État a acceptées et signées, vous sanctionnez une situation nouvelle qui durera soixante-quinze ans, e vous la sanctionnez d'une façon absolue, définitive.

Voix à gauche. — C'est très exact !

M. PAPON. — Au cours du débat, nous pourrons vous démontrer qu'il n'y a plus de rachat possible.

Plusieurs membres à gauche. — C'est vrai ! (M. le ministre des travaux publics fait un geste de dénégation.)

M. PAPON. — Nous le démontrerons, je l'espère, Monsieur le ministre, et nous établirons que de ce chef il n'y aura plus d'armes dans les mains du Gouvernement.

M. EUGÈNE DELATTRE. — C'est l'enchaînement des générations futures ! (Exclamations sur quelques bancs.)

M. PAPON. — C'est donc une situation définitive que vous allez consacrer par votre vote ; vous allez trancher une question très grave, la question du monopole privilégié des grandes Compagnies. Voilà ce que la loi consacrera. Et dans quelles conditions allez-vous statuer ?

Purement et simplement comme s'il s'agissait d'un projet de loi d'intérêt local ! (Très bien ! très bien ! sur quelques bancs à gauche. — Exclamations sur d'autres bancs.)

Les documents les plus graves, les plus essentiels, manquent à l'examen de la commission ; depuis un mois, elle prie, elle supplie qu'on les lui communique : elle n'a jamais pu les obtenir. Le rapport de M. Rouvier vient d'être distribué : personne ne sait ce qu'il renferme :

M. PAPON. — Aujourd'hui, vous êtes saisis du rapport. Ce rapport, le voici ; il nous a été distribué ce matin, il est très volumineux et je suis convaincu... (Bruit de conversations, qui couvre la voix de l'orateur.)

M. LE PRÉSIDENT. — Je vous prie, Messieurs, de cesser ces conversations ; elles imposent à l'orateur une fatigue extrême, et vous me permettrez d'ajouter qu'elles en imposent une non moins grande au président. (Le silence se rétablit.)

M. PAPON. — Le rapport vous a été distribué à l'ouverture de

la séance et je crois qu'il n'y a dans cette enceinte que deux personnes qui en aient connaissance, M. le rapporteur et M. le
ministre des travaux publics, qui a déclaré tout à l'heure qu'il le
connaissait.

M. LEBAUDY. — Et vous aussi, vous le connaissez comme les
autres membres de la commission !

M. MAURICE ROUVIER, *rapporteur*. — Il vous a été lu !

M. PAPON. — Les membres de la commission — et j'en faisais
partie — ont bien entendu la lecture rapide de votre rapport. Mais
j'ai grand'peur qu'il n'y ait de très nombreuses lacunes dans ce
rapport, de même qu'il y a eu de très nombreuses lacunes dans
la discussion de la commission ; il est évident que les membres
de la commission ne peuvent pas dire qu'à l'heure actuelle ils
connaissent le rapport qui a été distribué.

Et dans trois jours on va discuter! Une huitaine est-elle
de trop?... Peine perdue! Le *Centre* a fait son siège; *Les
conventions sont nécessaires :* c'est le ministre qui l'a dit :

Elles sont intimement liées au budget extraordinaire, elles sont
liées aussi à la situation financière tout entière, elles sont liées au
relèvement du marché financier, dont doivent se préoccuper légi-
timement tous ceux qui ont le juste souci des intérêts du pays.

*D'ailleurs, nons disons que ces conventions financières ont stipulé
pour l'Etat de tels avantages dans le présent et dans l'avenir qu'il
y a opportunité à les adopter.*

« Ce sont les Compagnies qui sont victimes ! C'est l'Etat
qui les a dupées!... »

Oh! Alors, plus d'hésitation possible! Qu'on se hâte! Si
les Compagnies allaient changer d'avis?... D'ailleurs, le mot
opportunité a le don d'enlever le Centre. Et aussitôt les trois
cents mameluks de la majorité, ces prétoriens de l'opportunisme votent, sans vouloir rien entendre, *comme un projet
de loi d'intérêt local,* ces fameuses conventions *qui enchaînent
les générations futures!...*

Quels sont donc, grand Dieu! *dans le présent et dans l'ave-*

nir, ces avantages tels qu'il y avait opportunité à les adopter?

Serait-ce par hasard la réduction des tarifs?

Ah! Les tarifs! Voilà la question palpitante! Voilà ce qui importe au pays! Le prix du transport des personnes et des biens : tout est là!

Il y a dix ans que nous nous occupons des chemins de fer : depuis sept ou huit ans, j'ai l'honneur de faire partie des commissions de chemins de fer; la grande préoccupation de toutes ces commissions, jusqu'à présent, a été la question des tarifs. (Approbation sur plusieurs bancs à gauche.) Tout le monde, les membres du Gouvernement eux-mêmes, *l'honorable M. Raynal, quand il était membre de cette commission, M. Baïhaut qui en a été le rapporteur, ont été unanimes à déclarer que la question des tarifs est la question dominante des chemins de fer.*

Or, dans quelles conditions la commission a-t-elle eu à examiner, à discuter cette question des tarifs? On a procédé de cette singulière façon : on a d'abord approuvé toutes les conventions, puis on a lu à la commission de simples lettres émanant des directeurs des Compagnies, qui ne s'engagent à rien et font des promesses plus ou moins vagues, plus ou moins évasives ; et on nous a dit : « Les conventions acceptées, on traitera avec les Compagnies et on verra dans quelles conditions on règlera la question des tarifs. » (Discours de M. Papon, séance du 13 juillet.)

Que ces simples lettres missives n'engageassent pas juridiquement les Compagnies, ce n'était pas seulement la croyance de M. Papon; c'était celle d'un grand nombre de ses collègues; c'était celle de tous les esprits qui consentaient à réfléchir. Les journaux d'outre-Rhin la partageaient : elle arrachait à l'un d'eux un cri de joie et de triomphe!... Rien ne trouble, rien ne déconcerte les sereines affirmations de M. Raynal :

Il est évident que l'engagement pris par un conseil d'adminis-tration, que des documents signés d'un président de conseil d'ad-ministration engagent la Compagnie d'une façon absolue et que, dès lors, comme les Compagnies elles-mêmes reconnaissaient qu'en matière de réductions de tarifs elles en étaient à leurs débuts, qu'elles faisaient aujourd'hui des réductions de tarifs qu'elles comptaient compléter si le jeu des conventions ne venait pas leur imposer des sacrifices trop considérables, j'ai trouvé plus naturel d'accepter que les Compagnies ne fissent pas entrer dans le corps même de la convention *les concessions définitives et absolument sérieuses* qui sont consignées dans les documents dont vous avez pris connaissance.

Définitives et sérieuses, en effet, ces concessions! L'avenir l'a bien montré! Voici la lettre que, le 5 mai 1885, la Compagnie de Lyon adressait au ministère :

« Monsieur le ministre, vous nous demandez des modifications au projet de tarif; le premier point dont nous ne pouvons, malgré tout notre bon vouloir, vous laisser espérer l'acceptation, c'est le barême n° 1 de grande vitesse, que nous avions cru pouvoir promettre dans notre lettre de 1883 et que nous ajournons à des temps meilleurs. »

M. Raynal ne peut se plaindre : on l'avait assez prévenu !...

Je ne puis vous donner lecture de toutes les plaintes désolées poussées par les chambres de Commerce. Il faudrait une longue audience pour énumérer les mécomptes et les ruines, triste fruit d'une inexplicable étourderie. En voici un échantillon, rien qu'en ce qui touche Bordeaux. Je l'emprunte à *la Victoire*, journal dans lequel l'adversaire a confiance, puisqu'il m'en signifie les numéros (rires) :

« Les conventions, a dit M. Raynal, sont le grand acte de mon règne. Par elles, nous sauvegardons la fortune publique et les intérêts de tous. »

La Compagnie Paris-Lyon-Méditerranée, dont les nouveaux tarifs de transport sont en vigueur depuis le 20 septembre 1885 seulement, se charge de donner à M. Raynal le plus éclatant démenti.

M. RAYNAL. — Vous n'avez pas communiqué cela.

M⁰ DE SAINT-AUBAN. — Je vous demande pardon ; je l'ai communiqué.

M. L'AVOCAT GÉNÉRAL. — C'est exact ; j'ai le document sous les yeux.

Mᶜ DE SAINT-AUBAN. — Je continue.

Les commerçants et industriels de Bordeaux vont avoir à faire la triste expérience de ce que coûte *l'agiotage honteux auquel s'est livré M. Raynal.*

Avant les conventions, le commerçant de Bordeaux qui achetait 1,000 kilogr. de savon, à Marseille payait 34 fr. 45 de transport.

Après les conventions le même commerçant paie le même objet 41 fr. 95, soit 7 fr. 50 d'augmentation par chaque fraction de 1,000 kilogr. de savon.

Avant les conventions, le commerçant de Bordeaux qui achetait à Marseille des huiles de graines si employées dans l'industrie payait 38 fr. 15 de transport pour 1,000 kilogr. Après les conventions le même commerçant paie pour le même objet 45 fr. 55, — soit 5 fr. 40 d'augmentation pour chaque fraction de 1,000 kilogr. d'huiles de graines.

Avant les conventions, le commerçant de Bordeaux qui achetait à Nice 1,000 kilogr. d'huile d'olive payait 52 fr. 15 de transport. Après les conventions le même commerçant paie pour le même objet 62 fr. 55 de transport, soit une augmentation de 10 fr. 40 pour le transport de chaque fraction de 1,000 kilogr. d'huile d'olive.

Avant les conventions, le commerçant de Bordeaux qui achetait à Antibes 1,000 kilogr. de conserves alimentaires si employées par les petits ménages, payait 70 fr 15 de transport. Après les conventions, le même commerçant paie pour le même objet 82 fr. 55 de transport, — soit une augmentation de 12 fr. 48 pour le transport de chaque fraction de 1,000 kilogr. de conserves alimentaires.

Avant les conventions, le commerçant de Bordeaux qui achetait 1,000 kilogr. de mercerie et bonneterie, à Nîmes, payait 76 fr. 30 de transport. Après les conventions, le même commerçant paie pour le même objet 81 fr. 60 de transport, — soit une augmentation de 5 fr. 30 pour le transport de chaque fraction de 1,000 kilogr. de mercerie et bonneterie.

Avant les conventions, le négociant en vins de Bordeaux qui

expédiait à sa clientèle de Marseille en franchise des barriques de vins payait pour un poids de 1,000 kilogr. 38 fr. 15 de transport. Après les conventions, ce même commerçant devra payer pour le même objet 44 fr. 45, — soit une augmentation de 6 fr. 30 pour 1,000 kilogr.

Nous pourrions généraliser les exemples. Tous les tarifs sont à l'avenant. C'est le P.-L.-M. qui a le premier mis en évidence les bienfaits des conventions. Depuis quelques jours, les lettres de voiture ont dû renchérir d'une façon notable, sur tout son réseau. Demain ce sera le tour du Midi, de l'Orléans, de l'Ouest, à mettre en vigueur ces tarifs qui font tressaillir d'aise la haute banque et appauvrissent le commerce si éprouvé par des crises multiples.

Le commerçant paiera plus cher les denrées qu'il emmagasine, le consommateur suera jusqu'au dernier sou pour acheter ces mêmes denrées.

Ah! Monsieur Raynal, en face des conventions honteuses et ruineuses que vous avez signées, tout le monde ne saurait avoir votre rondeur, votre jovialité, le cœur léger et l'audace dont vous vous plaisez à faire parade. Vous avez bien senti qu'il fallait fausser vos promesses pour éviter le soufflet dont les électeurs de Bordeaux vous auraient marqué au passage.

Et maintenant discutez les chiffres que nous avons apportés. Ils sont écrits tout au long dans la brochure qui sert de barème à tous les agents de la Compagnie Paris-Lyon-Méditerranée.

Agiotage honteux... Conventions ruineuses... Promesses fausses... Voilà comment vos journaux s'expriment! A-t-on le droit après cela de parler de calculs controuvés et d'affirmations mensongères? Je ne m'arrêterais pas si j'essayais d'en dresser la liste complète; je n'aurais qu'à la puiser dans le *Journal officiel*, dans la sténographie de cette séance édifiante du 22 février 1889 où la Chambre semble étonnée de l'œuvre de 1886 et où chacun s'efforce, par ses reproches et ses critiques, d'éviter une compromettante solidarité; quand on l'a parcouru, ce compte rendu lamentable, quand on a lu toutes ces prières, toutes ces lamentations; quand M. Thévenet — ce n'est plus le journal *la Victoire* — nous apprend qu'elles forment un *gros volume*, quand le même

M. Thévenet nous indique les majorations énormes dont pâtissent nos commerçants, 40 p. 100 *pour les papiers*, 50 p. 100 *pour les vins*, quand il se fait l'écho des industries *qui jettent un cri d'alarme*, enfin quand il révèle, au milieu de l'émotion générale, ce fait incroyable, inouï, qu'on a soumis les projets aux chambres de commerce, que celles-ci les ont renvoyés annotés, mais que les projets annotés se sont perdus en route, en sorte que l'homologation a porté sur d'autres tarifs; quand on entend l'orateur célébrer la puissance des Compagnies; à quoi M. Wickersheimer répond : « Oh ! une puissance de *persuasion* considérable ! » — on est pris d'une immense inquiétude, on se demande où l'on est, où l'on marche, où l'on va, et l'on comprend ce député qui appelle les Conventions *un Sedan économique plus désastreux que vingt batailles !* »

Sedan ! Nom funeste qui retentit dans nos cœurs comme un glas douloureux ! M. Raynal y a-il songé en signant les conventions? S'est-il assez souvenu de la défense nationale? A-t-elle été l'objet de ses ardentes préoccupations ? Le 20 novembre 1883, il prononçait textuellement au Sénat ces paroles : « Plusieurs fois on a soumis le personnel des chemins de fer à une sorte de mobilisation; les mécaniciens et chauffeurs sont parfaitement au courant de ce qu'ils auraient à faire en cas de guerre. » Eh bien ! des publicistes se sont livrés à cet égard à une sorte d'enquête ; voici les résultats qu'elle a donnés :

COMPAGNIE DE L'OUEST. — PARIS, SAINT-LAZARE, COURCELLES-CEINTURE, BATIGNOLLES, VERSAILLES, BOIS-COLOMBES.

« Jamais la Compagnie ne nous a instruits de ce que nous aurions à faire en cas de guerre.

« Nous ignorons même s'il existe réellement des sections techniques et à quelle section nous appartenons. En outre, jamais nous n'avons été soumis à un essai de mobilisation quelconque. »

Ouest. — (Lettre d'un conducteur)... « Je suis conducteur à l'Ouest, voilà huit ans que je voyage, je n'ai jamais vu aucune manœuvre faite dans les gares de chemin de fer.

« Nous faisons partie du bataillon technique de l'Ouest et nous n'avons jamais reçu d'instruction pour le cas de guerre ou de mobilisation... »

Ceinture.— « ... Nous sommes beaucoup d'employés à la Villette, je n'en connais pas un qui sache seulement ce qu'il aurait à faire au point de vue des chemins de fer en temps de guerre... »

Nord. —(Lettre d'un mécanicien.) «... Ma profession m'oblige à faire tous les jours des visites dans les gares et à y voir beaucoup d'agents, mais aucun, pas plus que moi, ne sait ce qu'il aurait à faire en cas de mobilisation. Aucune instruction ne nous a été donnée. Si nous avions la guerre demain, nous ne saurions de quel côté donner de la tête... »

Nord. — «... Nous, soussignés, mécaniciens au chemin de fer du Nord, déclarons que :

« 1º Jamais il n'a été fait d'essai de mobilisation sur le réseau du Nord ;

« 2º Jamais la Compagnie n'a donné d'instruction à ses agents du service actif sur les fonctions qu'ils occuperaient en cas de guerre.

« Si demain la guerre était déclarée, nous n'aurions même pas de charbon aux points stratégiques tels que Crépy, Soissons, Laon et la Fère, qui sont complètement dépourvus.

« A Crépy-en-Valois, un hangar a été construit pour l'embarquement des chevaux et de la troupe ; faute d'entretien, il est tombé en ruine. »

La guerre! Son image aurait dû se dresser sans cesse dans l'enceinte du Parlement pendant les débats relatifs aux *conventions!* Les chemins de fer ne seront-ils pas le tout de la mobilisation prochaine? M. Raynal n'a pas songé à ce détail accessoire et personne n'en a soufflé mot! Je crois entendre les accents d'un publiciste son collègue, un républicain comme lui, qui, au sortir de la Chambre, écrivait cette page indignée. Ecoutez, Messieurs, cela est intitulé : « La Préparation des désastres. » (*Deus avertat omen!*)

Non, ce n'est pas l'insulte qui nous vient aux lèvres au sortir de cette navrante journée; je ne veux injurier ni cette Chambre, ni ce ministère, ni ces républicains; la colère s'éteint avec la fin du débat: ce qui reste, c'est la tristesse. — J'allais dire, si mal inspiré que le mot paraisse appliqué à la patrie française, ce qui reste, c'est le désespoir.

Comment ! des conventions sont proposées qui règlent tout le régime des chemins de fer, l'arme la plus terrible de la guerre. Eh bien ! les conventions sont faites par le ministre des travaux publics, en dehors de ses collègues ; et l'on en vient à ce fait public, notoire, avoué, incommensurable : la commission qui les examine ne consulte pas le ministre de la guerre ; des Français votent ces conventions, un Français fait un rapport favorable, sans avoir consulté le ministre chargé de défendre le pays. Il n'est pas appelé, il n'a pas voix au chapitre. C'est un fait matériel. Et telle est sa situation qu'il ne dit pas, lui : « Vous ne m'appelez pas, c'est moi qui viens ! »

Et alors, devant la Chambre, ayant à répondre à une question précise, nécessaire de Clémenceau, le ministre est obligé par une situation que nous n'apprécions pas, de se renfermer dans des réponses vagues. Et c'est M. Raynal, ministre des travaux publics, qui répond à sa place, c'est lui qui interprète, qui fait la réponse du ministre de la guerre.....

Ah ! nous l'avons trop vu aujourd'hui : *non le Dieu d'Israël n'est plus le dieu des armées... C'est le dieu du dividende* !

Hélas ! nous sommes des vaincus. Et chez nos vainqueurs, qu'est-ce qui s'est donc passé ? En décembre 1879, un débat pareil s'agitait à la Chambre des seigneurs de Berlin. Il s'agissait de reprendre les voies ferrées à la haute banque. A-t-on vu un ministre des travaux publics parler pour le ministre de la guerre ? — Non, M. de Moltke a parlé. Il n'a pas attendu qu'on le questionnât. C'est lui qui a eu le rôle important dans la discussion. Il a dit son opinion sur l'exploitation des chemins de fer. M. de Moltke a quelque autorité en matière militaire. Nous sommes peut-être payés pour le savoir. Et qu'a-t-il dit ? Voici ses paroles :

« Les chemins de fer constituent le plus puissant moyen d'action de la stratégie moderne. Rien n'est plus important que le transport rapide des troupes..., et il y a un avantage inappréciable à ce que le ministre de la guerre n'ait affaire qu'à une seule exploitation des chemins de fer. »

Ainsi parla M. de Moltke à une chambre naturellement amie de privilèges. Eh bien ! après ces mots, il n'y eut plus de discussion Et le rachat fut voté !

CAMILLE PELLETAN.

Non, le Dieu d'Israël n'est plus le dieu des armées, c'est le dieu du dividende !..

Quand un des leaders de l'avant-garde républicaine parle ainsi du ministre qui conduit le gros de l'armée, faut-il s'étonner si le respect s'éloigne de ce ministre ? Faut-il s'étonner si les suspicions minent son œuvre ? Faut-il s'étonner que M. Vacher maudisse publiquement les écumeurs de la politique ? Faut-il s'étonner qu'un ingénieur distingué qualifie les conventions de « Conventions *scélérates* » ?...

Ah !' — sauf M. Vacher et M. Laisant, qui gardent leurs convictions — les autres, à l'heure actuelle, renient tout leur passé ! Ils voudraient nier leurs paroles ! du moins, ils les défigurent. — « J'ai dit : Conventions *scélérates* », déclare l'ingénieur ; je voulais dire simplement Conventions *regrettables :* je n'ai été si nerveux dans mon qualificatif que parce que ma lettre était confidentielle. » — Fort bien, nous saurons maintenant que le mot *scélérat* dans une lettre confidentielle n'a que le sens de *regrettable ;* peut-être en concluerons-nous que *regrettable* dans une lettre publique a le sens de *scélérat !..* (rires).

Et M. Pelletan, il y a six ans si sévère pour le Dieu d'Israël, écrit aujourd'hui des articles pour glorifier son culte, tandis que le fougueux M. Madier de Montjau dépose à l'instruction dans un style qui s'est singulièrement adouci depuis le mois de juillet 1883.

Tous mettent à absoudre leur ancienne victime autant de zèle que jadis à l'excommunier ! Et ces insinuations outrageantes qu'a soulevées le souffle de leur colère maintenant évanouie, ils en rejettent sur des faibles, sur des chétifs que leur parole a subornés, le poids trop lourd, paraît-il, pour leurs épaules parlementaires ! soit. Mais reste à savoir si, en défendant, ils ne se condamnent pas ! Ou ils ont calomnié un innocent, ou ils innocentent un coupable ! Et si leur accusation d'autrefois n'était qu'un effet de leur haine, qu'est leur défense d'aujourd'hui sinon un phénomène de *concentration !*

Ils soupçonnaient dans leur journal ; ils soupçonnaient à la tribune ; ils ne soupçonnent plus à la barre : leur soupçon était donc sans valeur qu'il recule devant un serment !

Est-ce qu'ils s'imaginent, par hasard, qu'il suffit de chanter la palinodie pour biffer les anciens outrages, et que de tardives rétractations, fruit d'une paix menteuse, effacent les traits indélébiles que le papier a conservés !

Non ! Non ! Ils nous appartiennent, ces soupçons et ces outrages ! Ils sont notre sauvegarde ! Ils nous expliquent et nous excusent ! Sans eux, nous ne serions pas ici !... (Mouvement.) Quoi qu'on dise, quoi qu'on fasse, ils subsistent et ils demeurent ! Ils forment une des cotes du dossier de l'avenir !

Ah ! croyez-moi, Messieurs, l'avenir a des moyens de preuve qui ne ressemblent pas toujours à ceux des contemporains. Des choses, qui vous impressionnent, pèsent fort peu dans sa balance. Il n'écoutera pas beaucoup les grandes Compagnies jurant solennellement à votre barre que M. David Raynal est innocent d'un crime qui, s'il avait été commis, serait avant tout le leur ! Il leur dira : Je vous refuse qualité pour vous faire avocats du ministre ; votre cause est la sienne ; si vous entrez dans cette enceinte, c'est à côté de lui qu'il faut aller vous asseoir ! Et il détournera aussi les yeux de ce défilé de fonctionnaires affirmant avec pompe que la concussion est impossible et qu'ils gardent trop bien les ministères pour qu'un ministre soit corrompu !

Impossible, la concussion ! Grand Dieu ! Et depuis quand ? Jamais un homme public n'a reçu de pot-de-vin ! Jamais l'appétit personnel n'a étouffé sa conscience ?.. Mais je connais des malheureux qu'on a salis dans l'histoire, dont les tristes héritiers meurent de douleur et de honte, et nous ne pouvons nous présenter dans les réunions publiques sans que les amis de M. Raynal couvrent de boue leur mémoire !.. Elle est donc anéantie la race des corrompus ? Il n'y a plus d'âmes vénales ? Elles attendaient, pour disparaître, ce temps d'honneur et de vertu ?.. Mais regardez donc en arrière ! Il ne faut pas regarder bien loin !..

J'ai assisté à des spectacles étranges, Messieurs ; j'ai vu des choses que, moi aussi, je ne croyais pas possibles ; et ceux de mes anciens qui m'ont suivi à cette époque ont pu lire plus d'une fois sur mon visage la trace de mes écœurements et de mes indicibles dégoûts !...

Il y a plus de pièces et de documents qu'on ne pense, Messieurs ! Ils se trouvent enfouis dans des endroits ignorés où l'on ne peut pas les prendre, entre les mains de personnes qui se gardent d'en témoigner, parce qu'elles se sentent complices et redoutent les représailles !...

Je me rappelle avec angoisse ces terribles paroles jetées par le plus grand d'entre nous, M° Lenté, aux âmes apeurées qui faisaient autour d'un autre procès la conspiration du silence : « Rassurez-vous, bonnes gens, les dossiers ne s'ouvriront pas !... »

Ah ! peut-être resteront-ils muets, ces dossiers vengeurs qui mettraient à nu la turpitude d'une époque ! Peut-être demeureront-ils toujours dans la retraite au fond de laquelle les abrite le secret professionnel ou la lâcheté humaine !... A moins que demain ou plus tard quelque main indiscrète ou quelque ambition affolée n'en déchire la couverture et n'en jette les feuillets à la foule au risque de faire éclater, non plus un de ces pétards qui partent quotidiennement à nos oreilles, mais un formidable coup de tonnerre dont l'explosion fera crouler tout l'édifice !...

Que la justice de Dieu s'accomplisse, Messieurs ! C'est son affaire et non la vôtre.

Et quant à la justice humaine, si les politiciens la veulent, ils se trompent de porte ici. Qu'ils s'adressent plus haut, à ceux qui les ont diffamés dans la presse, à la tribune du Parlement ! Qu'ils ne s'attaquent pas aux petits, aux impuissants, aux humbles ! Qu'ils n'offrent pas ce spectacle lamentable de gens qui, poursuivis par dix géants et par un nain, se cachent lâchement jusqu'à ce que les géants aient passé et tombent ensuite sur le nain auquel ils arrachent sa liberté et sa bourse pour se venger sur sa faiblesse de la peur atroce qu'ils ont eue !...

Pourquoi n'avoir pas pris les autres ? Pourquoi nous avoir choisis ? Ah ! Je le sais !.. Pour s'assurer une lutte inégale et se refaire à la veille des grandes élections une virginité politique avant de se présenter devant le corps électoral !...

Eh bien ! avocats généraux et bâtonniers peuvent se lever : e ne crois pas que le peuple les écoute. Il leur dira : Vos clients se trompent d'adversaires ; je ne leur permets point d'abuser d'un combat inégal pour fausser la page d'histoire qu'ils ne sauraient éviter ! Qu'ils demandent leurs comptes à d'autres, à leurs débiteurs véritables, à ceux qui ont des poumons pour répondre, du souffle pour les terrasser !...

Je ne sais pas, Messieurs, quelles sont vos opinions ; je ne veux pas le savoir. Je ne suis pas un candidat ; je ne suis qu'un défenseur, et je vous dis que vous trahiriez la haute mission qui vous est confiée, si vous condamniez ces hommes pour donner à **M. David Raynal** un facile triomphe qu'il n'obtiendrait même pas, car votre verdict ne serait pour lui ni le verdict de l'histoire, ni le verdict de la patrie !

PROCÈS SALIS

PLAIDOIRIE DE Mᵉ DE SAINT-AUBAN

Audience de nuit du 15 mai 1889

Messieurs de la Cour,
Messieurs les Jurés.

De toutes les épreuves que peut subir un galant homme, la plus dure, la plus pénible, la plus douleureuse est certainement celle que traverse M. Savine aujourd'hui.

Non qu'il soit exposé à des risques plus graves. Au contraire : sa bonne foi évidente, la loyauté de ses explications, explications précieuses pour l'adversaire, point banales dans la bouche d'un homme qui, d'habitude, ne se dérobe guère pour fuir les responsabilités, l'ignorance où il se trouvait du nom même de M. Salis lors de la publication du livre, me donnent une confiance inébranlable dans l'issue de ce procès.

Mais qui ne sent tout ce qu'a de cruel sa comparution dans cette enceinte ? Fût-il coupable, elle constituerait, à elle seule, a plus amère des expiations !

A Bordeaux, c'était devant un public d'indifférents qu'il présentait sa défense...

D'indifférents, ai-je dit ? Je me trompe et me rétracte : c'est faire injure aux citoyens de la grande cité dont l'inoubliable accueil restera éternellement gravé dans sa mémoire, aux braves gens dont la première indifférence, si indifférence il y eut jamais, céda vite le pas à une sympathie solide dont les témoignages non équivoques, prodigués au cours des débats, plus forts que la pression de la rigueur officielle, ont survécu au plus étrange, et je puis bien ajouter sans manquer de respect à personne, pour rendre un simple hommage à la réalité, au plus inattendu des verdicts.

Ah ! puisque cette image se dresse devant mes yeux, laissez-moi, Messieurs, laissez-moi m'y arrêter une minute : quand, sur un champ de bataille, on a vaillamment combattu pour une cause que l'on croyait, que l'on croit encore juste, quand, un moment, on a cru tenir une victoire chèrement disputée, quand, à la fin, terrassé par un trop puissant ennemi, on a vu s'effondrer toutes ses espérances, c'est un baume qui cicatrise les blessures que le souvenir de tant de mains tendues vers le vaincu, non point par un geste de compassion, dans la pensée de lui faire l'aumône, mais par l'élan spontané d'une admiration sincère pour sa foi vaillante, sa généreuse attitude, sa courageuse conviction !

Ce souvenir, il appartient à M. Savine ; il est un bien qui fait désormais partie de son patrimoine moral, un bien insaisissable dont nul au monde n'a le pouvoir de le dépouiller. En doutez-vous, Messieurs ? Ecoutez l'écho de l'opinion publique fidèlement recueilli par ces lignes tracées au lende-

main du combat par un des plus éminents publicistes de la
presse bordelaise :

Quant à M. Savine, son attitude a été, d'un bout à l'autre du
procès, celle d'un galant homme, qui a pu se tromper, mais qui
ne cherche jamais à se dérober aux responsabilités encourues.
Comme l'a dit Mᵉ de Saint-Auban, « c'est un vaillant, c'est un sympathique ».

Esprit très fin, très cultivé, très épris d'idéal, il était en voie de
se faire un nom dans la littérature — et la meilleure — quand les
nécessités de la vie l'ont obligé de se faire éditeur. Il a osé éditer la *Fin d'un Monde*, de Drumont : c'est dire assez quelles
haines il avait dû soulever ! Son malheur a été de croire à Gilly.
Il a cru que derrière les affirmations vraisemblables qui lui étaient
apportées, il y avait un homme, c'est-à-dire des preuves palpables,
matérielles, comme il en faut à un tribunal. Il s'est trompé.

Sa condamnation n'a pas diminué l'estime et la sympathie du
public pour lui... au contraire !

On lui a reproché d'avoir fait œuvre mercantile. Hélas ! un éditeur fait toujours œuvre mercantile. C'est la nécessité de sa situation.

Et combien de gens font œuvre mercantile sans s'en douter et
souvent même en parant leur mercantilisme des noms les plus
pompeux. On voit des hommes politiques chanter cyniquement la
palinodie, renier tout leur passé et faire comme ministre ce qu'ils
ont combattu comme député.

Pourquoi ? Par patriotisme, disent-ils. Allons donc! Tout simplement pour conserver la place de ministre, dont les bénéfices sont
autrement appréciables que ceux de la députation. Voilà du mercantilisme dans la pire acception du mot.

En somme, nous le répétons : l'opinion publique, qui ne relève
de personne, n'est nullement défavorable à trois au moins des
quatre condamnés d'hier. Elle leur est sympathique ; elle est avec
eux.

C'est un fait : nous le constatons. C'est notre droit.

Lorsqu'on croit à autre chose qu'aux résultats matériels,
lorsqu'on caresse un autre idéal que l'instinct de la conser-
vation personnelle, c'est la compensation de bien des maux

qu'un semblable témoignage ! M. Savine est fier de le garder dans ses archives. Sans doute il ne l'en sortira pas pour l'opposer aux insulteurs à gage dont les injures de commande échappent aux réfutations ; mais il peut le montrer aux âmes trop charitables dont la pitié quelque peu ironique semble chanter ses funérailles.

Il peut avertir ces bonnes âmes, puisqu'elles paraissent l'ignorer, que, lorsqu'on a été capable de lutter jusqu'au bout pour mériter l'estime publique, lorsqu'on a tout sacrifié pour l'obtenir, c'est qu'on a l'énergie de vivre, c'est qu'on y est bien décidé ; et que, lorsqu'on l'a obtenue, cette estime publique, lorsqu'on a su s'en rendre digne, peu importent la prison, les dommages-intérêts, les amendes ; on a le droit d'être fier, on peut relever la tête : on a gagné le procès de Bordeaux ! (Mouvement.)

Mais il est un autre procès qui nous tient beaucoup plus à cœur, Messieurs. Bordeaux est pour Savine une patrie d'adoption ; mais enfin ce n'est qu'une patrie d'adoption ; tandis que Montpellier...

Que vous dirai-je là-dessus que vous ne sachiez déjà ? N'avez-vous pas reconnu votre enfant, votre compatriote ? Cette terre est la sienne, cette cité est sa cité ; c'est la patrie de sa jeunesse, de ces mille choses saintes qui constituent le passé. Le passé ! Tout ici lui en parle, tout le lui rappelle, jusqu'aux monuments, aux maisons, jusqu'aux pierres qui lui adressent un sourire familier comme à une vieille connaissance. Voici la rue qu'il parcourait chaque matin pour se rendre au collège !.. Et dans cette enceinte, parmi cette foule qui se presse autour de lui, à peine ose-t-il lever les yeux de peur d'apercevoir la tristesse d'un parent ou d'un ami !...

Ah ! lorsque, jadis, sa pensée s'envolait vers eux, c'était dans un rêve de bonheur et de quiétude dont les calmes visions le reposaient des fièvres et des luttes de l'existence parisienne ! S'il avait su que le retour au pays aimé lui réser-

vât les luttes les plus âpres et les fièvres les plus brûlantes !...

Comme je comprends son émotion, Messieurs ! Comme je
la partage ! Moi aussi, je suis un peu votre enfant ; pas bien
loin de votre ville se trouve le sanctuaire de mes propres
souvenirs ; et je sais ce que vaut le pays natal, cette petite
patrie dans la grande, qui en est l'endroit le plus cher, comme
dans la maison paternelle se trouve toujours un coin, une
chambre plus bénie que les autres, parce que plus que les
autres, elle fut le témoin intime de ce qui ne reviendra
plus...

C'est ici qu'il veut qu'on le défende ! Eh ! bien, qu'il se ras-
sure : je le défendrai, et victorieusement, j'en suis sûr, car je
le défendrai avec ce qu'il y a de mieux, de plus puissant
dans mon être, avec mon cœur ! Et je le laverai enfin, une
fois pour toutes, quel que soit le résultat de vos délibérations, de ce reproche outrageant d'avoir, par un calcul misérable et vil, spéculé sur une curiosité malsaine, de ce reproche
qui jure d'une si étrange manière avec sa conduite, ses aspirations, ses instincts, de ce reproche dont, à Bordeaux, l'équité
de l'opinion a déjà fait justice, dont elle fera justice à Montpellier, de ce reproche, le dernier qu'on lui eût jeté à la face,
s'il subsistait une ombre de justice au milieu des passions politiques, car il est démenti avec trop de vigueur et d'éclat par
tout ce qui fait l'essence de sa droite et loyale nature.

Un spéculateur, Savine ?... Mais ceux qui le disent ne le
croient pas, ou, s'ils le croient, ils n'ont pas lu le dossier !
Il suffit d'y voir la manière dont Savine ouvre à Peyron sa
bourse — pour être édifié sur le mobile qui le conduit. Un
spéculateur, ou simplement un commerçant qui ne suppute
que le profit d'une entreprise, avance-t-il de l'argent à un
étranger sans la moindre garantie ? Il exige une signature,
il garde au moins un reçu ! Ici rien de semblable : Peyron
emporte l'argent de Savine, et Savine ne demande rien à
Peyron. Voilà un spéculateur bien confiant ! sa conduite
m'étonne : je croyais la confiance fille de l'enthousiasme et

non de la spéculation. Quel étourdi que Savine, si ce crédit
inusité s'adresse à un client vulgaire, au lieu de s'adresser à
un homme, hélas ! inconnu de lui, en la mission duquel, alois,
il avait foi !

Continuons l'histoire. Le livre est édité : belle occasion pour
un spéculateur de gagner une somme assez ronde... en le
retirant de la circulation !

En doutez-vous ? Ecoutez ce récit ; il n'a point été fabriqué
pour les besoins de la cause, car je l'emprunte au numéro
d'un journal paru le 20 novembre dernier :

Les jurisconsultes du parti attaqué s'étaient prononcés en faveur
d'une saisie. Mais M. Floquet n'a pas voulu entendre de cette
oreille. Comme, en somme, l'*Union républicaine est le groupe le
plus atteint,* pourquoi le ministère s'emploierait-il à tâcher de le
sauver du discrédit qu'il mérite ? L'existence des opportunistes
est-elle bien nécessaire à la France, et le cabinet ne saurait-il se
passer de M. Rouvier ? Réflexion faite, M. Floquet les a envoyés
au diable et n'a pas voulu permettre qu'on touchât au libelle.

*Après cet échec, les opportunistes ne se sont pas tenus pour
satisfaits. D'habiles négociateurs ont été envoyés auprès de l'éditeur Savine. Celui-ci est, vous le savez, un littérateur distingué,
originaire de Montpellier.* Très versé dans la littérature espagnole,
écrivain plein de verve, il aurait pu faire son chemin dans la carrière littéraire, si une circonstance inopinée ne l'avait contraint de
prendre la direction d'une maison de librairie. Savine avait placé
des fonds considérables sur cette maison, quand il apprit tout à
coup qu'une catastrophe était imminente. Il fallait aviser. Pour
sauver ses capitaux, il se substitua au libraire et prit le gouver-
nail en mains.

*Les délégués des opportunistes s'étaient flattés de l'amener à
composition : mais dès les premières ouvertures, les pourparlers ont
complètement échoué.*

Est-ce assez joli, cette ambassade qui se rend auprès de
l'éditeur pour l'amener à composition ? Est ce assez *opportuniste ?* Je comprends la tentative : c'est beau de faire éclater
en public son innocence ; mais, comme l'innocence de l'opportunisme n'éclate pas toujours. — plusieurs verdicts tendent à

le démontrer — il est toujours plus sûr, avant d'aller trouver l'adversaire et d'essayer un argument qui, pour être moins juridique, n'en est que plus décisif. Tout porte à croire que, dans l'espèce, les *ambassadeurs* l'exposèrent avec une grande force, surtout ceux — c'est-à-dire presque tous — qui, malgré son échec, ont estimé plus raisonnable de ne pas subir les risques d'un autre genre de dialectique... (Rires.) Mais quel refus maladroit que celui de Savine, et comme la spéculation est parfois mal inspirée !

Je ne parle pas de ce calcul impardonnable qui consiste à cesser la vente, dès que l'ouvrage devient suspect, et même à dépenser des fonds pour racheter les exemplaires vendus : jamais rapacité ne fut plus inintelligente !

J'arrive immédiatement à la plus lamentable affaire de notre spéculateur ; vous allez voir que s'il s'est flatté de mériter cette épithète, il s'est mépris d'une étrange manière sur ses aptitudes et sur sa vocation.

Les opportunistes lui avaient pardonné la défaite de leur ambassade. Ces braves gens n'ont pas de rancune : ceux qui ont assisté aux débats de Bordeaux leur rendent pleine justice à cet égard. Ils ont été on ne peut plus aimables pour M. Savine ; et cette amabilité a duré jusqu'après la lecture de ses pièces et l'audition de ses témoins. Ah ! par exemple, les témoins et les pièces, on a trouvé que c'était de trop... (rires) et, pour lui donner des regrets, on lui a dit naïvement que, s'il n'avait pas tenté la preuve, on lui en aurait bien moins voulu d'avoir articulé les faits... Figurez-vous que M. Savine a eu l'audace de ne rien regretter ! Pour le coup, l'opportunisme n'y a plus rien compris ; depuis, Savine l'inquiète : ces oiseaux rares sont toujours dangereux !... On lui tend la perche ; il la repousse ; voilà un geste qu'on n'oublie pas ! Vit-on jamais un noyé si difficile ? On fera tout au monde pour châtier son tranquille mépris, et, si on lui jette à la face avec tant de rage cette odieuse épithète de spéculateur, c'est justement pour le punir de ne l'avoir point méritée. On aimait mieux un libraire cupide qu'un libraire convaincu; on aime toujours mieux la passion qu'on partage, et la passion opportuniste n'est pas la conviction. Que n'a-t-il observé le silence? Il a préféré, ce courageux de malheur, la peine du courage au prix de la lâcheté; il a pensé qu'il devait au public les raisons de sa conduite; et sans insolence, comme sans faiblesse, dans la limite de son droit, il est un fait, tout au moins, dont il a fourni la preuve, c'est que dans cette pénible aventure, fort indigne de lui, je me plais à le reconnaître, et qui l'a, un instant, détourné de sa vraie voie, il garde la consolation de n'avoir obéi qu'aux ardeurs de sa croyance. Cette preuve lui coûte trois mois de prison, une trentaine de mille francs, et une brèche peut-être irréparable au patrimoine de sa famille. Ses adversaires n'imaginaient pas qu'un homme pût payer si cher une pareille satisfaction.

Sans doute, s'il eût partagé leurs principes, ou plutôt leur manque de principes, il eût opéré, avant tout, le sauvetage de la caisse, et, rougissant mais absous, il aurait dit au sortir de l'audience : « Tout est sauvé, *fors l'honneur*. » Il n'a pas voulu déformer l'antique adage. Il est de ceux qui ont encore la faiblesse d'estimer une bonne opinion de soi-même le plus précieux capital; et il juge que l'argent et la liberté sont deux biens précieux, moins précieux pourtant que l'honneur, parce que la liberté et l'argent ne rendent pas l'honneur perdu, tandis que, lorsque l'honneur reste, et que la jeunesse reste aussi, ces deux trésors suffisent, Dieu aidant, à reconquérir tous les autres!

C'est pourquoi il redoute les succès qui déshonorent et à ces victoires malsaines préfère, selon la belle expression de Montaigne, « les défaites triomphantes à l'envie des victoires ».

Voilà Savine. Ne le calomniez pas : c'est la justice qu'il vous demande. Frappez-le, mais frappez-le pour ce qu'il est, frappez-le comme on frappe un soldat. Repoussez dans la fange d'où il n'aurait jamais dû sortir l'ignoble outrage qui dégraderait vos bouches.

Savine n'est point un spéculateur : Savine est un lutteur !...
Hélas! cette dernière qualification, qu'il mérite, explique mieux
que l'autre la haine qui le poursuit : spéculateur, on le dédai-
gnerait, et le dédain est clément; lutteur, on le redoute, et
la crainte est inexorable. C'est du moins ce qu'insinuent les gens
mal intentionnés. Prenez garde, Monsieur le procureur général: ceux à qui la robe ne donne pas comme à moi le précieux privilège de vous défendre contre tout soupçon et
d'entourer votre caractère d'un inviolable respect, ceux-là
répandent des bruits fâcheux qui troublent profondément les
âmes simples; ils vont disant partout que si Savine est en
butte à de telles rigueurs, c'est moins à cause de *Mes Dossiers*
qu'à cause d'un autre livre infiniment plus redoutable et beaucoup plus respecté, et que cet autre livre, rude alerte pour
un si grand nombre de tarés de la vie politique et sociale, est
le secret de l'acharnement qui tourne en aggravations les
circonstances dans lesquelles, pour un accusé ordinaire, les
magistrats se feraient un impérieux devoir de trouver une
atténuation. (Vif mouvement dans la salle. Très bien! Très
bien.)

M. LE PRÉSIDENT. — J'interdis d'une manière absolue toute
marque d'approbation. Je ferais évacuer la salle et prendrais
les mesures les plus sévères si de pareilles manifestations se
produisaient de nouveau.

Mᵉ DE SAINT-AUBAN. — Je sais bien, moi, que lorsque
vous requériez avec tant de violence contre les *Dossiers* de
M. Gilly, vous ne pensiez pas en vous-même à *la Fin d'un
Monde* de M. Drumont. Je connais trop votre justice ; je la
sais franche et loyale : quand elle attaque, c'est en face ; elle
aurait honte de s'embusquer, comme un bandit corse, derrière
le buisson de la route pour attendre que le justiciable passe
et le frapper traîtreusement par derrière une fois qu'il a passé.
Si vous visiez *la Fin d'un Monde*, cette œuvre de polémique
superbe, digne, elle, de conduire son auteur à l'Académie,
c'est à côté de M. Drumont et non de M. Gilly, qu'il fallait
faire asseoir M. Savine. La compagnie eût été meilleure, et

tous auraient gagné au change, M. Savine d'abord, et aussi le public qui, au lieu d'assister à de tristes reculades, aurait pu contempler, dans l'ardeur d'un beau combat, ce que valent les vrais soldats de l'Idée !.. (Mouvement.) Non, je veux le croire, vous n'avez pas isolé Savine, n'osant attaquer Drumont, comme on coupe un corps d'armée, n'osant affronter l'armée entière ! En tous cas, des deux vengeances que l'on complotait contre lui, la ruine et le déshonneur, la première seule peut l'atteindre, il est au-dessus de l'autre. Ruiné, c'est possible ; déshonoré, jamais ! Son caractère et sa vie sont là qui défient la haine ; à cet égard, il est bien tranquille ; et n'étaient ses petits enfants, n'était sa jeune femme, n'était sa pauvre vieille mère qui, là-bas, suit, anxieuse, les péripéties de ces drames....

M. SALIS. — Moi aussi, j'ai une vieille mère !

M. LE PRÉSIDENT. — N'interrompez pas, Monsieur Salis.

M. SALIS. — C'est juste. Je prie le défenseur de m'excuser.

Me DE SAINT-AUBAN. Oh ! de grand cœur, Monsieur Salis ; car moi aussi, j'ai une vieille mère ; je sais, par conséquent, ce qu'est cet être béni ; voilà pourquoi, hier, quand vous parliez de la vôtre, quand vous invoquiez son image, ses angoisses et ses tourments, mon cœur battait à se rompre dans ma poitrine, j'oubliais notre lutte d'une heure et, si je n'eusse écouté que l'élan de ma sympathie, je me serais levé de mon siège pour aller vous serrer la main. Oui, vous avez souffert dans vos affections les plus chères !.. Mais la réparation est venue, la réparation suprême, celle qu'aucun verdict ne vous aurait donnée... M. Savine vous l'apporte ! Il proclame qu'il ne vous soupçonne pas, qu'il ne s'est jamais cru le droit de vous soupçonner ! Aveu sincère, franc et loyal comme la bouche qui le fait, plus précieux que des excuses et plus efficace qu'un arrêt, car il vaut mieux pour un homme public n'avoir pas été soupçonné que d'assumer la tâche ingrate de se laver du soupçon ! Et maintenant la douleur d'autrui ajoute-t-elle quelque chose à votre justification ? Quand vous vous êtes cru accusé, vous avez trouvé de beaux accents pour vous défendre, et mon émotion vous a écouté avec respect. Aujourd'hui, c'est un autre accusé qui me charge de le défendre ; j'invoque à mon tour les images que vous avez invoquées : sont-elles moins respectables et moins saintes sur mes lèvres ?

Mon cœur vous a rendu justice ; je demande justice au vôtre. Par tout ce qu'il y a chez vous d'élevé et de noble, par le souvenir béni qui vous accompagnait dans cette enceinte, je vous en prie, je vous en conjure, écoutez-moi, monsieur Salis ! (Vive émotion.)

Ma défense, je vous disais, Messieurs, que le passé de Savine me la fournissait tout entière.

Des témoins oculaires, maîtres ou compagnons de ce passé, ne l'ont-ils pas rappelé hier en termes inoubliables ?

Il vous appartient, n'en déplaise à l'étrange rapport dont l'imagination vagabonde est allée, je ne sais pourquoi, chercher votre compatriote en Amérique ! Il est vrai qu'auparavant les journaux officieux en avaient fait un *Moscovite.* (Rires.) De la Russie aux Etats-Unis il n'y a qu'un pas pour les mouchards ! N'importe ? La police est parfois bien mal informée ! M. Constans n'a pas remplacé d'Alavène !... (Hilarité.) Notre rapport convient d'ailleurs que, « les renseignements recueillis sur la conduite et la moralité de M. Savine ne lui sont pas défavorables »... Je le remercie infiniment !...

Laissons là ce papier et jetons un coup d'œil sur la carrière que l'on n'arrive pas à salir.

Savine est né à Aigues-Mortes le 20 avril 1859. Sa famille paternelle est originaire du Dauphiné, sa famille maternelle, du département du Gard. Son grand-père paternel fut magistrat à Embrun ; et son grand-père maternel était officier supérieur. Quant à son père, il exerçait les fonctions de fondé de pouvoirs du trésorier-payeur général à Nîmes. Voilà des origines bien françaises, n'est-il pas vrai ? Plût au ciel qu'ils pussent en revendiquer de pareilles, ces Français de la dernière heure, hier Anglais, Suisses, Italiens, Allemands, qui ne demandent à leur nouveau pays qu'une large part de ses richesses, et dans notre milieu national conservent une âme étrangère, comme les affranchis de l'ancienne Rome gardaient un cœur d'esclave au sein de la Cité! Ils devraient être modestes, ces bâtards de la Patrie! Ils devraient éviter surtout de mettre sur le tapis la question des actes de naissance! Et pourtant l'on en rencontrerait plus d'un parmi les bonnes gens qui passent leur temps à se plaindre de la calomnie au perfectionnement de laquelle ils ont consacré de si merveilleuses aptitudes et qu'ils ont élevée dans l'Etat de leurs rêves à la hauteur d'une institution!... C'est eux, sans doute, qui s'avisèrent d'imaginer que Savine était Russe! Certes, cette qualification ne l'irrite ni ne l'humilie : étant Français, Savine aime les Russes; et c'est Russe qu'il voudrait être, s'il n'était Français. Mais, dans le cerveau de ses calomniateurs, cette qualification n'était qu'un acheminement vers celle de nihiliste... et — qui oserait le croire? — vers celle de *Juif!* Oui, on l'a traité de Juif, lui, Savine, ici présent! (Hilarité.) S'il avait été juif, il aurait bien pu être nihiliste; car il y a, parmi les nihilistes, énormément de juifs. Personne n'ignore que, tout comme la franc-maçonnerie, le nihilisme est un mouvement sémitique; ce sont les sémites qui l'ont organisé et qui l'exploitent; par contre, ce sont rarement eux qui se font pendre : cela ne rentre plus dans leurs aptitudes!...

L'ingénieuse invention des reptiles opportunistes avait un autre but : Russe, Savine devenait du même coup étranger et passible de la loi d'expulsion. Savourez cet entrefilet; je l'emprunte à un journal prussien, fidèle allié, en ce cas comme en plusieurs autres, de quelques-uns de nos adversaires, mais en revanche fort monté contre Savine, depuis qu'il a mis au jour un livre sur l'espionnage, très désagréable à M. de Bismarck que l'on sait peu enclin à ce sujet :

Quant à ce Savine qui a édité le livre et qui s'est fait ainsi le complice des turpitudes et des ignominies de Gilly, on ne se douterait pas que c'est un nihiliste russe réfugié à Paris et qui se montre de cette façon reconnaissant de l'hospitalité que la France lui accorde. Il faut espérer que la mansuétude du gouvernement cessera à l'égard de ce misérable et qu'un bon arrêté d'expulsion l'enverra exercer ailleurs son sale petit commerce.

C'est « sale *bedit* gommerce » qu'aurait dû écrire la feuille : sa plume oublie-t-elle l'accent du terroir ?

Ce qui donnait du poids à l'information, c'est qu'elle paraissait simultanément dans une foule de journaux à qui l'*Agence Havas* l'avait communiquée. Or, nous connaissons tous les hautes attaches de l'officieuse Agence ; n'y entre pas qui veut ; par exemple, si je sollicite la faveur d'y insérer cette plaidoirie, je doute que j'obtienne une réponse enthousiaste... (Rires.)

C'est ainsi qu'on a rédigé l'histoire de M. Savine. Et voilà, Messieurs, les procédés et les armes de ceux qui, pour me servir des termes de leur congénère prussien, crient si fort contre les *turpitudes* et les *ignominies* de M. Numa Gilly !... Passons.

Savine avait sept ans lorsque son père et sa mère vinrent s'établir à Montpellier où ils acquirent, route de Castelnau, la villa qui porte encore aujourd'hui le nom de *Villa Savine*. L'enfant fut mis au collège. On vous a dit hier, mieux que je ne saurais le faire, les souvenirs qu'y ont laissé son intelligence, sa conduite et ses succès. Il était l'espoir de ses maîtres ; et ses maîtres s'appelaient Marion-Werner, Boucherie, pour ne citer, parmi vos gloires, que celles qui ont rayonné au dehors du plus vif éclat. Il semble que Boucherie lui ait communiqué son goût et quelques-unes de ses rares aptitudes pour les langues romanes ; car, digne élève d'un tel professeur, il mérita plus tard de compter parmi les membres de la société vouée au culte de ces langues. Vous avez tous admiré, Messieurs, le buste qui perpétue dans le bronze les traits de Boucherie, et vous savez qu'il est dû au ciseau distingué de M. Léopold Savine, frère de notre romanisant. Double et touchant hommage que le sculpteur semble avoir voulu rendre à votre illustration universitaire et à ses affections de famille, en célébrant un homme qui fut à la fois un de vos maîtres et le maître d'un frère aimé !

Savine prit part à l'organisation de ces *Fêtes Latines* qui réunirent en 1879, si je ne me trompe, les Catalans et les Roumains et qui avaient pour objet de louer la littérature et le génie méridionaux. Le souffle de cette renaissance charmante dont les effets, je l'espère, se feront longtemps sentir anima son talent et décida de sa vocation littéraire. Les circonstances l'éloignent de vous ; mais son âme vous reste ; la nécessité l'exile ; mais, dans l'exil, il emporte un de ces chauds rayons qui dorent le cerveau et le cœur. Sous les brumes du Nord, de là-haut, comme on dit ici, sous les longues pluies fines de nos hivers parisiens, il cultive le sentiment et l'amour de cette lumière magique dont les reflets transfigurent toutes choses, depuis nos maigres arbustes qu'ils grandissent comme des chênes jusqu'aux rocailles que Tarascon voit hautes comme le Mont-Blanc. Il étudie avec conscience, avec passion, les audaces brûlantes et les rimes ensoleillées des félibres, vos poètes, ces troubadours perdus au milieu de nos modernités. Avec quel zèle il les traduit et les commente ! Son temps, sa peine, il ne leur marchande rien. On lui doit de précieuses découvertes et des œuvres qui ne périront point. Qu'ajouter aux élogieuses paroles par lesquelles un éminent écrivain, témoin de sa valeur artistique, aussi bien que de sa dignité morale, vantait hier à cette barre sa traduction de l'*Atlantide*, le poème de Verdaguer ? Permettez-moi d'y joindre l'avis d'un autre critique non moins compétent et non moins distingué :

« L'*Atlantide* — écrit M. Joseph Roux dans la *Revue lyonnaise* (numéro du 15 août 1884, p. 210 et suiv.) — *l'Atlantide* méritait d'être traduite et bien traduite. Un jeune écrivain s'est rencontré, amoureux du Catalan, ami de Verdaguer, qui a pris, pour ainsi dire, corps à corps, âme à âme, la fière et tendre épopée et l'a transportée du catalan en français, un peu comme Hercule transporte de l'Atlantide en Espagne la reine Hespéris. J'admire comme

M. Savine rend heureusement les énergies et les suavités de ce poème. *Cette lutte a duré quatre ans...* »

Quatre ans ! Entendez-vous, messieurs, quatre ans ! Il ne faut pas quatre ans aux financiers de l'école parlementaire pour amasser un magot auprès duquel les droits d'auteur du traducteur de l'*Atlantide* feraient, j'imagine, une bien piteuse mine !...

« ... Il ne lui a pas fallu moins pour mettre dans sa prose fran çaise « les tours, les détours et les contours » (qu'on me pardonne cette réminiscence de Mme de Staël) de l'épopée catalane. Dieu ! quel vocabulaire inépuisable ! quelle syntaxe rompue à toutes les souplesses ! Voilà bien, inopinément renouvelée, l'antique lutte d'Entelle et de Darès ! Pied contre pied, tête contre tête, poi-trine contre poitrine, et nul ne succombant, il n'y a point de vaincu. »

Et, après une citation pour montrer le génie du poète et le talent du traducteur, M. Joseph Roux termine ainsi :

« L'*Atlantide* est précédée d'une introduction. C'est une étude de cent soixante-trois pages, écrite avec une élégante simplicité et une érudition du meilleur aloi. Cette lecture m'a ravi et ému : il me semblait parcourir quelque manuscrit posthume de celui que j'ose appeler le servant d'amour de l'Espagne, Antoine de Latour, mon vénérable ami.

« Heureuse Catalogne, sa renaissance poétique a trouvé un historien digne d'elle !... Mossen J. Verdaguer est maître en gai savoir, et un des quarante de l'Académie catalane, félibre-majoral... Il n'a que trente-neuf ans, et son interprète que vingt-cinq : à eux l'avenir ! »

Ce renom de si bon aloi, dû à quatre années d'efforts opi-niâtres, ne s'arrête pas à la frontière ; de précieuses marques d'estime arrivent de l'étranger. Voici une lettre signée du grand poète roumain Alecsandri ; elle mérite une place d'honneur dans les archives littéraires de M. Savine :

Roumanie, Mircesti, 21 février 1884.

Monsieur et cher confrère,

Je viens de recevoir en même temps que votre lettre le gracieux envoi que vous m'avez fait de votre livre sur la littérature catalane contemporaine, contenant la traduction française du poème de l'*Atlantide* de Jacinto Verdaguer... Mille fois merci pour l'immense satisfaction que vous m'avez procurée de lire en entier ce splendide poème dont je ne connaissais que l'analyse savante de Mgr Tolra.

En ouvrant le livre on se trouve tout à coup devant un grand génie et l'on se sent entré dans le monde merveilleux de l'épopée où les scènes grandioses atteignent à une hauteur homérique. Gloire au poète catalan ! gratitude à son savant traducteur ! — Un prestigieux trésor littéraire vient d'être offert par vous, monsieur et cher confrère, à l'admiration du monde entier. — Soyez heureux et fier d'avoir entrepris et vaillamment terminé une œuvre de cette valeur. Tout homme de goût, juste appréciateur des généreux efforts couronnés de succès, vous en sera reconnaissant.

Conformément à votre désir, je vous envoie un des volumes de mes poésies, et je fais des vœux pour que mes faibles essais ne soient pas complètement éclipsés par la vaste lumière de l'*Atlantide*, à laquelle vos yeux sont habitués.

Agréez, je vous prie, monsieur et cher confrère, l'expression de mes sentiments de confraternité et de très haute considération.

V. ALECSANDRI.

Les nombreuses traductions et adaptations de M. Savine, ses articles de critique, principalement le recueil intitulé *Les Etapes d'un Naturaliste* que M. le procureur général me paraît avoir trop vite parcouru, enfin ses travaux sur les chants de nos félibres, lui ont valu bien d'autres témoignages qui constituent ses titres de noblesse et le montrent sous son vrai jour.

La signature qui rehausse quelques-uns de ces témoignages nous révèle le choix délicat et rare de ses relations en évoquant le souvenir de nos compatriotes les plus célèbres et les plus aimés. En voici une d'*Aubanel*... Qui de nous ne connaît Aubanel ? Quel est le Méridional digne de ce nom auquel il reste étranger ? Aubanel, c'est le Midi en personne ! Voilà pourquoi il aime Savine, qui est bien du Midi, lui aussi. Sur quel ton de franche cordialité il lui parle ! Ecoutez :

Cher Monsieur,

Je vous adresse deux numéros du journal *La Semaine* où j'ai fait insérer la petite note sur les *Etapes d'un naturaliste*. — J'ai lu d'un trait ce volume fort attachant, tout plein de documents précieux pour l'histoire de la littérature provençale, si chaudement étudiée et impartialement jugée. — Merci ! merci !

Ah ! *Lou Pastre !* » Je crois bien que quelque jour je me déciderai à le publier, mais à 50 exemplaires, pour les gourmets et les amis. — Et soyez tranquille, à ce double titre, vous recevrez l'un des premiers exemplaires.

Bien affectueusement votre

Th. Aubanel.

Avignon, 5 novembre 1887.

Je voudrais tout lire, Messieurs, mais où m'arrêterais-je ? Tant de noms me sollicitent ! J'aperçois dans la foule le plus glorieux de tous, celui de Mistral. Mistral, l'incarnation de votre génie poétique ; Mistral, le chantre de Mireille, enfin le grand Mistral — *deus, ipse deus* — est le correspondant de Savine ! Qui donc, parmi vos lettrés, oserait à présent se dire son ennemi ?

Voilà, Messieurs, la place qu'occupe votre jeune compatriote dans votre littérature nationale. Voilà les services qu'il lui rend et les récompenses qu'il en reçoit. Il l'aime et l'a fait aimer ; en retour, elle lui assure dans les lettres parisiennes un rang dont il n'a pas à se plaindre. Les auteurs les plus répandus, les rois de l'école moderne le félicitent et le remercient de ses vulgarisations fécondes et des utiles voyages que sa plume leur permet de faire à travers les pays inconnus. Voici en quels termes l'homme peut-être le plus édité de la terre lui exprime sa gratitude d'avoir pu, grâce à lui, approfondir la connaissance de Mme Pardo Bazan, la Georges Sand espagnole — Georges Sand par le style, mais non par les idées — dont la souplesse jointe à l'audace féminine entreprend de concilier la tradition catholique et l'idéal contemporain :

Médan, 21 juin 1886.

Merci mille fois, mon cher confrère, de ce que vous avez songé à m'envoyer votre traduction du livre si intéressant de madame Pardo Bazan. Je l'avais parcouru dans le texte espagnol, sans tout le comprendre, et je viens de le lire, très frappé de la largeur de l'étude et de la pénétration critique. C'est certainement un des meilleurs morceaux qu'on ait écrits sur le mouvement littéraire contemporain. Quand vous écrirez à madame Pardo Bazan, veuillez lui renouveler mes remerciements et la féliciter en mon nom. Je lui suis surtout très reconnaissant de la page qu'elle a écrite sur le roman anglais. Cela est net et juste.

Bien cordialement à vous,

EMILE ZOLA.

Telle était encore en 1886 la vie de M. Savine ; tel était le courant qui l'entraînait ; tels étaient ses travaux et ses préoccupations. Devenu éditeur par suite de revers de fortune, il gardait dans sa librairie une âme de poète. Que de réputations naissantes lui doivent le jour ! Nul peut-être n'a mieux que lui encouragé et soutenu les jeunes con're l'impitoyable francmaçonnerie des vieux !.. Comment cet artiste, comment ce félibre, comment l'ami d'Aubanel, de Mistral et de Verdaguer a-t-il quitté tout à coup la calme et sereine patrie de ces adorateurs du rêve pour se mêler à nos réalités sombres et descendre dans une arène où les défaites sont si brutales et les triomphes eux-mêmes si amers ?

Pourquoi ? sans quitter cette ville, demandez-le au maître vénéré dont le souvenir, tout à l'heure, témoignait dans cette enceinte. Marion-Werner avait surnommé Savine enfant : le *petit moraliste*. L'enfant a grandi... et le moraliste aussi. Dangereuse faculté, Messieurs, car elle observe ; et, à notre époque, qui observe est bien près de s'indigner. Oubliez un instant les *Dossiers* de M. Numa Gilly, oubliez la valeur intrinsèque de l'ouvrage ; il a un vice originel dont rien ne le relèvera : il est mal fait ! Cette déplorable facture nuit à l'idée qui l'inspire et rend, par le discrédit qu'elle jette sur ses auteurs, un signalé service à la cause de ceux qu'il combat. Telle est, en effet, le pouvoir souverain de la forme, qu'heureuse, elle revêt le mensonge des couleurs de la vérité, et que malheureuse, elle donne à la vérité les apparences du mensonge. « L'habit ne fait pas le moine », a-t-on coutume de dire ; mais on ajoute aussitôt : « Il l'arrange joliment ! » De même, la phrase ne fait pas l'idée ; mais que devient l'idée sans le secours de la phrase ? Oubliez donc une minute ce livre grossier, maladroit, informe, auquel les tarés devraient rendre grâce pour tout le bien qu'il leur fait ; mais convenez, pour être justes, qu'à l'heure de son apparition ses défauts, aujourd'hui si manifestes, trompèrent singulièrement l'attention, non seulement de M. Savine, mais du public tout entier. Pourquoi ? — Pourquoi ? Parce qu'il semblait venir à l'heure dite pour remplir sa mission providentielle et assouvir l'universel besoin de vengeance. Peu importait le style, si la tâche était accomplie ! Montpellier n'est pas si loin de Nîmes qu'on n'y ait entendu l'écho des applaudissements qui saluèrent le *justicier ;* sa gloire ne resta pas locale ; des quatre coins de la France on l'approuve, on l'encourage ; ses collègues lui crient : « Bravo ! Continuez ! Sus aux flibustiers politiques ! »

Le flibustier politique ! Tel était, tel est encore, hélas ! l'ennemi de la Patrie ! Le méconnaître est inutile, Messieurs ; les négations n'arrangent rien. Que sert d'imiter cet oiseau qui s'entête à ne pas voir et cache ses yeux sous son aile ? Si j'en croyais le réquisitoire de M. le procureur général, tout serait pour le mieux dans la meilleure des républiques, et, sauf le livre de M. Numa Gilly, rien ne viendrait troubler le bonheur national !... Heureuse ville, si elle partage ses douces

illusions ! On y garde la fleur de sa virginité ! Le *pot-de-vin*
y est inconnu, et les mœurs y sont si pures que l'on n'y comprend même pas le langage de l'improbité ! Quelle innocence
primitive ! J'admire cette fraîcheur d'idées et de sentiments :
elle me prouve une chose, c'est que M. le procureur, dans
ses lectures, n'accorde que peu de place au *Journal officiel.*
Je l'en félicite. Le *Journal officiel* n'est point une publication
éditée par M. Savine. (Hilarité)... Il n'en constitue pas moins
une détestable lecture qui gâte vite la sérénité du cœur; on
y trouve parfois le *pot-de-vin* défini et... démontré par le
genre de preuve le plus indiscutable, l'aveu (hilarité)... et,
quand ces grands diffamateurs, que n'atteignent pas vos verdicts et qu'on nomme les historiens, voudront écrire les
annales des corruptions inouïes de ce régime, ils n'auront
qu'à parcourir ses comptes rendus sténographiques pour y
récolter la plus abondante moisson !... Les dossiers de
M. Gilly seront du superflu !

Ce qui s'étale à tous les yeux suffit à remplir leurs volumes.
Mais que dire de ce qui ne s'y étale pas ? Que dire des pièces
cachées...

M. LE PRÉSIDENT. — Je ne puis tolérer que le défenseur parle
de pièces cachées. Il faut qu'il s'explique.

Mᵉ DE SAINT-AUBAN. — Volontiers, monsieur le président; je
ne vise en aucune manière les pièces du dossier Salis, je
pense à d'autres dossiers, à des dossiers parlementaires que
des soins intéressés préservent des rayons du soleil et qui,
lorsqu'ils verront le jour, causeront de fameuses surprises aux
enragés panégyristes des vertus de notre temps.

M. LE PRÉSIDENT. — Je ne puis vous laisser continuer sur ce
ton-là.

Mᵉ DE SAINT-AUBAN. — Et quel ton faut-il que je prenne? Si
vous m'arrêtez alors que, par tact et pour ne pas envenimer
le débat, je tais les noms des personnes, quelle sera votre
attitude, lorsque je les citerai ?

Les faits matériels n'appartiennent-ils pas à tout le monde,
et n'est-ce pas un fait matériel que ce rapport parlementaire

que l'on dissimule au pays parce qu'il renferme les résultats de l'enquête Wilson et que ces résultats, tout atrophiés qu'ils doivent être par un mauvais vouloir systématique, suffiraient peut-être à découvrir des choses inattendues ? N'est-ce pas un fait matériel que ces scandales effroyables qui ont ouvert violemment les fenêtres de l'Elysée, qui en ont enfoncé les portes et en ont chassé l'habitant au milieu des fureurs populaires ? N'est-ce pas un fait matériel que cette rentrée à la Chambre de M. Wilson, et cette foudroyante réplique de M. Andrieux, qui lui serrait la main, aux murmures de ses collègues : « Je n'aime pas les lâches ! », commentée le lendemain, par deux articles dont la moralité peut se résumer ainsi : « Il vaut mieux serrer la main en plein jour à M. Wilson que d'aller le soir en cachette, quand personne ne vous regarde, se pendre à la sonnette de son appartement. » Et ils étaient nombreux, ceux qui allaient, ceux qui vont peut-être encore se pendre à cette sonnette ! Autrefois, ils quémandaient les honneurs ; aujourd'hui, ils quémandent le silence, et leur peur, quoique rougissante, adule encore cette grandeur tombée, cet homme, pas plus coupable que d'autres, peut-être moins coupable que beaucoup d'autres, et dont le sentiment du péril, plutôt que l'idée de justice, a fait le bouc émissaire chargé de tous les péchés d'Israël ! Ce qu'ils redoutent encore, l'épée de Damoclès éternellement suspendue sur leurs têtes, c'est la collection des 22,000 dossiers où, plus tard, on lira peut-être le sinistre catalogue de leurs cupidités et de leurs appétits. Ah ! si nous autres, les francs, les sincères, nous avons perdu le respect, c'est que le respect devenait un mensonge. Quand on assiste au spectacle de ces turpitudes...

M. LE PRÉSIDENT. — Je ne puis laisser passer le mot turpitude.

Mᵉ DE SAINT-AUBAN. — C'est pourtant le seul mot qui peigne la situation ! Croyez-moi, monsieur le président, ce qui est dangereux, ce qu'il ne faut pas laisser passer, ce ne sont pas les turpitudes que l'on raconte ; ce sont les turpitudes que l'on commet. Permettez-moi de remplir mon devoir... je n'ai pas épuisé mon droit ! La défense a trouvé ailleurs une attention plus tolérante : les magistrats comprenaient jusqu'ici que la vérité ne peut être l'ennemie de la justice et qu'étouffer par la force la révélation des scandales, c'est confirmer leur existence de la plus éclatante façon ! (Mouvement prolongé.)

Ah ! si la preuve n'était pas permise, et si l'*Officiel* n'existait pas, ce n'est point quatre procès, c'est peut-être cinquante que nous aurions sur les bras. Car il y a ceci de singulier dans l'espèce : l'ardeur à poursuivre la diffamation semble en raison inverse de sa violence, et le pardon de l'injure en raison directe de sa gravité. Les égratignés hurlent; les écorchés ne disent rien ; les premiers sont impitoyables, les seconds pratiquent sur la plus vaste échelle l'oubli des offenses. C'est incompréhensible ! Un seul exemple : je l'emprunte à cette accusation. Dans le morceau que l'on incrimine, qui donc est visé par l'auteur ? M. Salis ? Pas le moins du monde. M. Granet en fait tous les frais. C'est lui qui en est le héros ; c'est lui qui est le principal ; M. Salis n'est que l'accessoire ; et un accessoire à peine visible à l'œil nu, car il m'a fallu trois lectures pour le découvrir. Voici le fait en deux mots : Dans l'affaire du chemin de fer de Tiaret à Mostaganem, M. Granet aurait reçu 100,000 francs de M. Köhn Reinach pour dire des choses désagréables à la Compagnie Franco-Algérienne ; puis, il en aurait reçu 100,000 de la Compagnie Franco-Algérienne pour dire des choses désagréables à M. Köhn Reinach ; enfin, il en aurait touché 150,000 de chacune des deux parties, et il se serait tiré d'embarras en ne disant plus rien du tout ! Voilà l'économie de l'histoire : on en effacerait le nom de M. Salis qu'elle n'en souffrirait nullement. Ce nom n'y est qu'un hors-d'œuvre ; M. Salis n'y joue aucun rôle; il n'y figure même pas; il se borne à fournir la matière d'une hypothèse : qui sait si un jour il n'imitera pas les Granet ? Cela tient dans quatre lignes perdues au milieu du reste, et ces quatre lignes ont échappé à M. Savine jusqu'au jour de la poursuite. J'en apporte à M. Salis la solennelle affirmation. Jamais M. Savine n'a soupçonné M. Salis ; il ignorait jusqu'à son existence et jamais non plus les auteurs n'ont entendu le soupçonner ; en voici la preuve flagrante ; je l'emprunte au *Petit Méridional* dont la nuance n'effraiera pas M. le président :

Un rédacteur du *Petit Méridional*, qui a interrogé à Nîmes plusieurs témoins cités par Numa Gilly, transmet à ce journal le résultat de ses *interviews* :

L'affaire sur laquelle M. Salis devait être interrogé comme témoin est celle-ci :

L'affaire du chemin de fer de Mostaganem a Tiaret date de 1885. Elle fut soumise deux fois aux délibérations de la Chambre, le 27 février et le 7 mai.

Il s'agissait d'une concession de voie ferrée s'élevant à 20 millions, et qu'on demandait à la Chambre de consentir à forfait, de gré à gré.

Dans l'affaire étaient intéressés deux députés.

M. Salis monta à la tribune et, par deux fois, combattit le projet, parce que deux députés y étaient intéressés et que c'était de gré à gré et non à l'adjudication que la concession était donnée. Il protestait énergiquement contre ce système et demandait qu'on portât le fer sur la plaie pour empêcher les députés de participer à des affaires financières.

Telle a été la conduite de M. Salis ; c'est sur ce qu'il peut savoir là-dessus que M. Salis devait être interrogé.

Entendez-vous, Messieurs ? *C'est sur ce qu'il peut savoir là-dessus que M. Salis devait être interrogé.* Alors, la pensée de M. Gilly était claire pour tous : à ses yeux, M. Salis jouait le rôle d'un témoin ; il n'était pas l'accusé : l'accusé, c'était M. Granet. Étrange aventure ! C'est M. Granet que vise le peloton d'exécution ; c'est lui qui reçoit la décharge en pleine poitrine ; il est criblé de balles... Et M. Granet ne dit rien !.. L'a-t-on tué sûr le coup ?... Ou bien fait-il le mort ? Ce qui est sûr, c'est qu'il garde un silence de trépassé !.. Quant à M. Salis, à peine a-t-il reçu quelques grains de plomb minuscules... Et il mène un tapage d'enfer !.. Je sais bien que l'acuité des blessures ne se mesure pas à leur gravité et que les plus inoffensives sont parfois les plus douloureuses ; le point le plus sensible est peut-être l'épiderme et un coup d'épingle fait plus souffrir qu'un coup de poignard. Encore convient-il, surtout en cour d'assises, de ne pas confondre un poignard avec une épingle et une égratignure avec un assassinat. Qu'on ait voulu attenter à la vie de M. Salis, le contraire est certain ; qu'on y ait attenté sans le vouloir, ce n'est pas vrai davantage ; non seulement il n'y a pas d'homicide prémédité, mais il n'y a même pas d'homicide par imprudence ; c'est tout au plus une piqûre involontaire et nos déclarations loyales doivent l'avoir cicatrisée.

Le motif de cette piqûre ? Demandez-le à d'Alavène, le rédacteur du morceau. Ce morceau est un rapport de police adressé, sous forme de note confidentielle, au ministre de de l'intérieur. Voilà comme un rapport de police devient une diffamation ! Ovide n'a pas songé à cette métamorphose. Fragilité des choses humaines ! On aurait pu faire un témoin de M. d'Alavène... On aurait même pu en faire autre chose ! L'équité n'en eût pas souffert et la logique y eût gagné. On y a songé un instant ; et puis on y a renoncé sur les vives instances de M. le garde des sceaux. M. le garde des sceaux ne tenait pas à d'Alavène : il s'y est pris à deux fois pour en informer le parquet ! La traversée serait coûteuse, dit-il dans une de ses lettres.

Je suis enchanté de voir les ministres entrer dans la voie des économies ; mais je regrette qu'ils commencent par économiser les frais du voyage de d'Alavène. Ce voyage eût été instructif pour le pauvre peuple ; et, quand il s'agit de l'instruction populaire, la République ne lésine point... Le monde officiel boude-t-il contre d'Alavène ? Le monde officiel a tort ; il oublie qu'autrefois d'Alavène a fait partie du monde officiel. Entendons-nous ; en politique comme dans la société, il y a le monde et le demi-monde : d'Alavène appartenait au demi-monde officiel. C'est alors, qu'avec sa particule, il gagnait d'assez jolis appointements sur lesquels il aurait pu mettre de côté une assez jolie retraite, si des artistes de cette marque daignaient mettre de côté. C'est alors aussi que sa plume inquisitoriale traçait ces fameuses notes pour l'éducation et les délices du ministre de l'intérieur.

C'était un rude limier que le seigneur d'Alavène ! Que de fonctionnaires, grands et petits, tremblèrent sous son œil scrutateur ! Quand on a l'oreille d'un ministre, on jouit d'un profond respect... Mais voilà qu'un beau jour cette douce union fut rompue ; M. d'Alavène, à son tour, connut les amertumes de la destitution ; mais, comme souvenir de sa vie publique si féconde et si bien remplie, il remporta les décalques de ses *notes*. C'est un de ces décalques qui fait l'objet du procès actuel. Le ministre se croyait possesseur de l'unique exemplaire ; furieux de partager son trésor avec l'inventeur, il mit aux trousses de ce dernier de fort habiles gens dont la finesse, à laquelle je rends hommage, trompa la vigilance du favori disgracié. Dépouillé d'une partie de son bien, d'Alavène désabusé mit un bras de mer entre lui ét les ministères... Sans doute, la traversée aura gâté ses documents !... — O grandeur et décadence d'un rapport de police ! Quand le mouchard l'apporte, le ministre s'en délecte ; quand le mouchard l'emporte, le ministre court après ; et quand le mouchard le rapporte, le ministre le renie !... (Hilarité.) Que M. d'Alavène se console ; tout ici-bas a son heure ; il en est des *notes* historiques comme du vin : elles se bonifient en vieillissant ! Dans quelque cinquante ans, lorsque les siennes auront fait un bon stage dans le carton poudreux d'une bibliothèque nationale, un vénérable archiviste sorti de l'Ecole des Chartes, non moins poudreux que son carton, déchiffrera, à travers ses lunettes professionnelles, leurs caractères jaunis, et le Taine de l'époque, à cheval sur le document, en fera les pièces justificatives de certain chapitre où il habillera de la belle façon ses arrière-petits neveux. (Hilarité.) — Ce n'est pas, j'ose croire, le nom de M. Salis qui lui tirera l'œil dans la *note* nº 12 ; et, pour s'expliquer la malencontreuse hypothèse dont ce nom fut la victime, peut-être songera-t-il que M. Salis n'était pas un mignon de l'opportunisme qui en 1883, si j'ai bonne mémoire, lui refusa une voie ferrée pour le département de l'Hérault, et que M. d'Alavène, pour faire un brin de cour à son maître, dut saisir avec joie l'occasion d'en flatter les rancunes en glissant un trait venimeux parmi ses révélations. On peut aussi proposer un autre système et dire que le discours sanglant prononcé par M. Salis à propos de la Franco-Algérienne, n'a pu sembler l'œuvre exclusive de la probité indignée à des gens qui n'ont guère coutume de puiser à cette source la cause de leurs indignations. Il est plus terrible que les dossiers de M. Gilly, ce discours ; et pour nous, les auditeurs de la seconde édition qu'en a faite l'orateur à cette barre, le doute est impossible : Dieu nous garde de commettre cette faute abominable qui consiste à expliquer par un mobile honteux ce qui paraît le résultat d'un noble sentiment !

Oui, elle est bien le cri de la conviction irritée, cette prose vengeresse, qui fouette au visage les tripoteurs parlementaires et leur imprime des stigmates que rien n'effacera :

« Nous sommes fatigués d'entendre dire à chaque instant que les députés abusent de leur mandat, qu'ils le font servir à la satisfaction de leurs intérêts personnels ; cela fatigue et la Chambre et le pays, et cela peut compromettre l'avenir de la République. »

Les députés abusent de leur mandat ; ils le font servir à la satisfaction de leurs intérêts personnels : voilà ce qu'on dit à chaque instant ; voilà ce qu'on disait déjà en 1884, car c'est le 27 janvier 1885 que M. Salis se faisait, à la tribune, l'écho de nos malaises et de nos mépris. Et, un mois plus tard, à la même tribune, il apportait de ses paroles un commentaire qui restera comme un des plus significatifs et plus lumineux documents de ce régime. Le voici ; il émane d'un républicain sincère, tous les réquisitoires seraient faibles à côté de lui :

M. SALIS. — Il est temps de ramener la discussion à son point de départ. Je ne connais pas ce qui se passe à la Bourse.

Je ne sais si l'on peut jouer à la hausse ou à la baisse; ce que je sais c'est qu'il n'est pas possible qu'une Chambre française accepte une convention aussi *monstrueuse*. (Mouvements divers.)

Vous vous rappelez que, il y a un mois, nous avons demandé la remise de la discussion : il y avait eu une assignation dirigée contre deux de nos collègues pour avoir à répondre devant le tribunal de commerce de certains faits de malversations, de concussion.

Le tribunal a statué, et il n'a pas cru devoir donner satisfaction aux demandeurs. Je ne crois pas devoir constituer la Chambre en cour d'appel chargée de réformer la décision du tribunal de commerce; mais je dois constater que dans la décision des juges consulaires, nous ne relevons pas l'exagération que nous avions signalée et qui résultait de l'aggravation des frais d'études. Je ne connais pas le demandeur.

Je ne connais ni M. Debrousse, ni M. Van den Hecht, je n'ai aucun intérêt dans l'affaire; mais il me semble que lorsqu'on discute de telles opérations, il doive toujours rester au bout des doigts quelque chose de la boue dont elles sont faites. (Exclamations.)

Je le répète, je ne veux pas m'écarter du terrain adopté par M. Granet, et j'arrive au fond de la question.

Le gouvernement demande à la Chambre une garantie d'intérêts pour un chemin de fer de Mostaganem à Tiaret et, dans cette demande, j'ai pu constater qu'on avait bouleversé toutes les règles établies en pareille matière, et que si l'on admettait les principes établis par le gouvernement, il pourrait nous en coûter singulièrement cher.

J'ai quatre points à relever, en laissant en dehors les récriminations et les insinuations auxquelles on s'est livré.

Le premier de ces points est relatif à une erreur grave du rapport de M. Lesguillier, en ce qui concerne le rendement kilométrique : le rapport le fixe à 13,500 francs au lieu de 8,800 francs, chiffre qui a été officiellement constaté.

Il y a donc, dans le rapport, une erreur de 5,000 à 6,000 francs par kilomètre.

M. RAYNAL, *ministre des travaux publics*. — Je demande la parole.

M. SALIS. — Mais, il y a autre chose : je fais appel ici, tout particulièrement, à l'attention des jurisconsultes de cette Chambre :

on a innové, en matière de chemin de fer, en admettant qu'on pouvait constituer des obligations de priorité sans que le gage fût absolument déterminé et le chemin de fer construit.

Dans la ligne de Mostaganem à Tiaret, on a constitué, sans nantissement et sans gage, des obligations privilégiées, qui ne seront privilégiées que dans quatre ou cinq ans sur les recettes nettes de la compagnie. Et cela s'est fait *subrepticement, d'une façon obscure, cachée;* il n'en est question ni dans l'exposé des motifs, ni dans le projet primitif; cela n'apparaît que dans un chiffon de papier qu'on nous a distribué, dans un article 4 d'un petit projet qui est venu se joindre au dossier et qui est le renversement absolu des règles et des lois commerciales.

Cet article est ainsi conçu :

« La garantie accordée par l'Etat, en exécution de l'article 3 de la convention susvisée et les produits nets de l'exploitation du chemin de fer concédé seront affectés, comme gage spécial et par privilège, en payement des intérêts et à l'amortissement des obligations émises en vertu de l'article 5 de la convention et de l'article 3 de la présente loi.

« Si l'Etat exerce la faculté de rachat ou si la ligne est mise en adjudication, par application des articles 39 et 40 du cahier des charges, le prix du rachat ou de l'adjudication sera affecté, comme gage spécial et par privilège, suivant les cas, au service des intérêts et de l'amortissement ou au remboursement des obligations garanties. »

Personne n'avait pu se douter que cet amendement subreptice, lancé d'une façon obscure dans la discussion, pût amener le bouleversement complet de la loi. (Mouvements divers.)

Les jurisconsultes qui font partie de cette assemblée peuvent savoir que la création d'obligations de priorité établies, comme le veulent M. le ministre des travaux publics et la commission, est le renversement du code commercial et de la loi.

Il n'y a plus aucune sécurité pour les obligataires : celui qui, confiant dans votre vote, prendra une obligation privilégiée, ne fera pas attention que cette obligation ne sera privilégiée que dans quatre ou cinq ans, et ne sera payée que sur les recettes nettes. De telle sorte que si la faillite intervient et que le syndic la fasse remonter au jour où les obligations auront été prises, les obligataires qui auraient cru que votre vote engageait le gouvernement, la Chambre, l'Etat, seraient de simples chirographaires et tomberaient dans la masse de l'actif, sans être rémunérés de l'argent dépensé par eux. C'est là une innovation *monstrueuse*. (Mouvements divers.)

Si j'insiste, c'est que j'ai cru voir chez quelques-uns de nos collègues une idée préconçue consistant à croire que tout était pour le mieux dans la meilleure des compagnies possible, et je dis qu'au point de vue de la loi, du droit commercial, la Chambre ne peut pas admettre comme privilégiées des obligations qui ne le sont pas.

Si dans le cas de faillite le syndic allait comprendre les wagons, le matériel, tout ce qui constitue l'avoir de la compagnie, tout cela ne rentrerait pas dans l'actif privilégié, et le créancier chirographaire n'aurait aucun recours, aucune garantie contre la compagnie franco-algérienne.

J'estime que vous ne resterez pas indifférents à cette question qui touche de très près le droit, et qu'aucun des arguments que pourraient fournir les conseils de la compagnie ou d'autres jurisconsultes, ne peut nous faire échapper aux prescriptions du code de commerce.

Sous l'ancienne législation romaine, on pouvait faire tout ce qu'on voulait; on édictait une loi parce que cette loi plaisait, et qu'il y avait un intérêt en jeu ; mais nous, nous ne pouvons pas, sans bouleverser les principes du droit et ébranler les bases du Code, *modifier la loi dans un intérêt personnel, pour un expédient isolé*. (Très bien ! très bien ! sur plusieurs bancs à gauche.) — C'est pourquoi j'appelle votre attention, *je fais même appel à votre conscience*, sur un point très délicat que voici :

Dans la convention passée entre le ministre des travaux publics et la compagnie franco-algérienne, je remarque qu'on a pour l'exécution de la ligne de Mostaganem à Tiaret, accordé à cette compagnie la concession à forfait et de *gré à gré*.

Je trouve que le gouvernement et la compagnie franco-algérienne sont dans une situation extrêmement fausse, tellement fausse qu'on n'a jamais vu le gouvernement donner à une compagnie financière quelconque un forfait de gré à gré pour l'exécution d'une ligne de chemins de fer. (Très bien ! très bien ! sur divers bancs à gauche.)

Je le comprends d'autant moins, qu'à la tête de la compagnie se trouve un de mes collègues, qui, par sa situation personnelle d'entrepreneur de travaux publics, devrait être le premier à demander au gouvernement et à la Chambre qu'on ne donne pas à un entrepreneur-député un forfait pour la construction d'une ligne de 20 millions. (Très bien ! très bien ! sur les mêmes bancs.)

Nous savons ce qui se passe en matière de chemin de fer. Tous les jours, dans nos conseils généraux, pour les lignes de 250,000 fr. ou de 20,000 fr., nous demandons l'adjudication.

Récemment, sur la demande de MM. Leydet et Saint-Romme, la Chambre a voté l'adjudication pour la fabrication des allumettes.

Et nous ne serions pas conséquents avec nous-mêmes alors qu'il s'agit d'une affaire de cette importance et *que nous sommes en face d'un de nos collègues entrepreneur ! Cela n'est pas possible, avec ce qui se produit tous les jours dans les affaires financières, en présence des insinuations qui se répandent :* il est temps de demander qu'on fasse le chemin de fer en question d'une FAÇON HONNÈTE, dans les règles du droit, à l'adjudication, et *d'autant plus qu'il y a un député à la tête de la compagnie avec laquelle on traite!* (Mouvements divers.)

C'EST A VOTRE CONSCIENCE QUE JE M'ADRESSE. Je déposerai un contre-projet.

Je demande que le chemin de fer se fasse : je serais heureux que ce chemin de fer fût construit par la compagnie franco-algérienne, mais il ne suffit pas qu'il y ait à la tête de cette affaire un de nos collègues pour que je ne demande pas qu'on substitue au système du forfait le système de l'adjudication.

Je n'ai point la prétention d'attaquer la compagnie franco-algérienne qui compte parmi ses membres des hommes honorables jusqu'à preuve du contraire. (Bruit.)

Mais je dis qu'après ce qui se passe tous les jours, après les débats récents sur les affaires financières malheureuses, nous avons le devoir de couper court à toutes les irrégularités et *de faire cesser les insinuations malveillantes qu'on dirige contre ceux qui font partie des sociétés financières.* Pour obtenir ce résultat, il faut revenir à la loi de respecter le principe de l'adjudication. Je suis persuadé que celui de nos collègues qui est à la tête de cette société sera le premier à demander qu'on revienne à l'adjudication. (Très bien ! très bien ! sur divers bancs.)

Plus on aura confiance en la parole de M. Salis, plus on envisagera avec crainte et dégoût le péril d'une situation qui autorise de pareilles paroles !

On propose à la Chambre une *convention* avec une compa-

gnie financière ; un député républicain la qualifie de *monstrueuse*, de contraire à toutes les règles de la morale et du
droit, d'attentatoire à l'intérêt public pour le profit d'un intérêt personnel, celui d'un collègue entrepreneur d'affaires,
enfin de *malhonnête* — ce mot qui les résume tous ! Et cette
convention, galeuse au dire de ce député, c'est un ministre,
M. Raynal, qui la propose et la soutient ! Mais si M. Salis a
raison, que penser du ministère ? Et si M. Salis a tort, sommes-
nous les premiers qui soupçonnons légèrement ? Notre état
d'esprit actuel n'est-il pas l'effet normal, la conclusion logique
et nécessaire de ce *qui se passe tous les jours* depuis plusieurs
années, de tous ces *débats récents* qui ont ébranlé nos consciences, de ce torrent d'*insinuations malveillantes* répandues contre
une horde d'exploiteurs ? Et si, en diffamant ces hommes, les
accusés n'ont fait que suivre des exemples partis de si haut,
est-il équitable, comme vous le demande M. le procureur général, de les écraser sous le poids de votre justice et de ne
voir dans leur conduite aucun motif d'atténuation ? L'heure
qui sonne convient-elle pour placer la lumière sous le bois-
seau ? L'époque que nous traversons est-elle si pure, si nette
et si sereine, que l'on doive être impitoyable pour les âmes
effarées qui poussent un cri de détresse ? Ou bien, dans le
désordre universel des choses, dans l'effroyable sarabande des
appétits déchaînés, au milieu des caractères avilis et des consciences dégradées par une fin de siècle sans él..., sans idéal
et sans Dieu, ne faut-il pas se montrer plus patient et plus
doux pour un cœur jeune et chaud qui, trop légèrement, j'en
conviens, a prêté son concours à de prétendus vengeurs,
mais dont la légèreté n'est que le fruit d'un excès de confiance
et d'ardeur ?

Je vous le demande, Messieurs ; comme jadis M. Salis à ses
collègues, je m'adresse à mon tour à vos consciences ; je vous
en conjure, embrassez d'un coup d'œil cette situation que ne
veulent pas voir des aveugles intéressés, n'écoutez pas les conseils de la haine, ne faites pas de M. Salis une occasion et un
prétexte et ne vengez pas sur son nom l'injure de tous ceux

dont la prudence n'a pas osé affronter vos verdicts. L'homme qui m'a fait l'honneur de me choisir pour défenseur n'a péché, s'il a péché, que par enthousiasme et par courage ; ce sont là des passions qu'on peut punir avec clémence : l'exemple n'en est point contagieux. Sauvez votre enfant, l'enfant de cette ville, d'une ruine qu'on s'efforce de consommer ; et, ce faisant, Messieurs, vous servirez la justice, au lieu de servir des colères, et, plutôt que d'agir en sectaires, vous vous conduirez en magistrats !

TABLE

Procès Raynal-Villette 2

Procès Salis 103

ÉVREUX, IMPRIMERIE DE CHARLES HÉRISSEY